SEMPRE HÁ
tempo

Sempre há tempo
Pelo espírito Maurício
Psicografia de Eliane Macarini
Copyright © 2018 by
Lúmen Editorial Ltda.

1ª edição - Novembro de 2018.
1-11-18-5.000

Coordenação editorial: *Ronaldo A. Sperdutti*
Revisão: *Alessandra Miranda de Sá*
Projeto gráfico e arte da capa: *Juliana Mollinari*
Imagem da capa: *Pixabay*
Diagramação: *Juliana Mollinari*
Assistente editorial: *Ana Maria Rael Gambarini e Roberto de Carvalho*
Impressão e acabamento: Lis Gráfica

Dados Internacionais de Catalogação na Publicação (CIP)
(Câmara Brasileira do Livro, SP, Brasil)

```
Maurício (Espírito).
   Sempre há tempo / ditado por Maurício ;
[psicografia de] Eliane Macarini. -- Catanduva, SP :
Lúmen Editorial, 2018.

   ISBN 978-85-7813-189-0

   1. Romance 2. Espiritismo 3. Psicografia
4. Romance espírita I. Macarini, Eliane. II. Título.

18-22298                                    CDD-133.9
```

Índices para catálogo sistemático:

1. Romance espírita : Espiritismo   133.9

Maria Alice Ferreira - Bibliotecária - CRB-8/7964

LÚMEN
EDITORIAL

Rua dos Ingleses, 150 – Morro dos Ingleses
CEP 01329-000 – São Paulo – SP
Fone: (0xx11) 3207-1353

visite nosso site: www.lumeneditorial.com.br
fale com a Lúmen: atendimento@lumeneditorial.com.br
departamento de vendas: comercial@lumeneditorial.com.br
contato editorial: editorial@lumeneditorial.com.br
siga-nos no twitter: @lumeneditorial

2018
Proibida a reprodução total ou parcial desta
obra sem prévia autorização da editora

Impresso no Brasil – *Printed in Brazil*

SEMPRE HÁ
tempo

ELIANE MACARINI
DITADO POR **MAURÍCIO**

LÚMEN
EDITORIAL

"O sentimento e a sabedoria são as duas asas com que a alma se elevará para a perfeição infinita."

(Emmanuel, psicografia de Francisco Cândido Xavier. *O Consolador*, questão 204.)

Onde há vida, sempre há renovação. Concluímos que sempre há tempo, e essa ideia acaba por trazer conforto e esperança, mesmo diante de situações conflitantes. Perante essa crença, também nos fortalecemos pela certeza da magnitude das oportunidades que vamos viver.

A vida está em constante movimento renovador. O aprendizado sério e feliz nos liberta de amarras e dores desnecessárias; afinal, diante desse fato irrefutável, percebemos que somos seres ativos e dotados de inteligência, a ser utilizada em nosso benefício, transformando sensações, emoções e aprendizados em instrumentos eficazes para nos tornarmos seres mais libertos em nosso mundo interior.

Jesus nos alertou amorosamente: "Sois deuses e podeis fazer muito do que faço". A compreensão dessa fala inigualável e entendida em sua essência primordial nos trará leveza e serenidade diante do movimento mental; nova forma e ação darão qualidade a múltiplas e diversas experimentações na matéria, assim como nos facultarão melhor compreensão quando avaliarmos tal passagem no mundo dos desencarnados, ao desembarcarmos no porto seguro da espiritualidade.

O presente trabalho de amor dá continuidade à história contada em *Sempre há vida*, com o objetivo de elucidar os que se interessam pela reflexão séria de seus vícios manifestados por meio de descontrole emocional, devido à falta de compreensão de fatos que nos fogem ao conhecimento, derivados ainda dos tristes estados de ignorância da sociedade humana, a respeito das diversas formas de relacionamentos humanos.

Gostaríamos de lembrar a todos os que se dispuserem a ler esta obra que deixem ao acaso, por este momento, qualquer ideia preconcebida a respeito do assunto, e que recordem com carinho dos sentimentos que acalentam nossas mentes e corações quando nos dispomos a agasalhar o verdadeiro amor, aquele que não cobra nada ao mundo, mas que apenas acontece e alimenta o bem que nos renova a feliz liberdade de sermos seres melhores.

O amor nos torna emocional, mental e espiritualmente mais saudáveis, sentimento esse que qualifica nosso movimento para o exercício excelente da vida que planejamos com todo o desvelo para nós mesmos.

Vivemos o que nos é necessário para enxergarmos além das necessidades primárias de manutenção da matéria perecível; vivemos em busca de uma identidade com o Criador, mas nos esquecemos de direcionar nosso pensamento para a harmonia pessoal, que acontece apenas quando há equilíbrio entre as necessidades emocionais e as daqueles que participam desse enredo criativo.

Adoecemos por ignorância, pois uma mente presa a ideias preconcebidas não se renova e se acorrenta à infelicidade ao perceber que não controlamos o mundo do outro, e, assim procedendo, acabamos por nos perder de nossa identidade divina. Criamos amarras invisíveis que nos tornam escravos

SEMPRE HÁ TEMPO

da dor e do sofrimento; marcamos o perispírito, já tão judiado pelo passado desequilibrado, e fazemos o corpo material adoecer por não controlarmos nossa movimentação através do pensamento, que se torna caótica e presa às trevas da mente em desalinho.

Várias doenças comportamentais, psicológicas e psiquiátricas não explicadas pela medicina moderna têm suas origens em traumas do passado, manifestando-se de maneiras variadas e trazendo aos incautos espíritos a oportunidade de recuperação de um passado no delito grave contra si mesmo. Atualmente, vários diagnósticos são trazidos à luz da compreensão médica, tendo auxiliado muitos a reequilibrar suas energias, porém nos falta ainda a compreensão integral do homem, aquele que passa por várias experiências em encarnações diversas, assim como em abençoados momentos como ser errante. No momento em que conseguirmos visualizar o quadro completo de nossa manifestação como espíritos eternos, não haverá limites para a mente, que se abrirá ao infinito campo da educação.

Podemos citar alguns exemplos importantes, como o diagnóstico conhecido como mal de Alzheimer. A Doutrina Espírita nos esclarece que toda doença procede de causas espirituais e tem como finalidade corrigir na carne o que deixamos de corrigir no Espírito.

Está implícita nas doenças, principalmente naquelas que limitam a movimentação mental do espírito, a oportunidade de resgate e principalmente de redenção, permitindo o burilamento espiritual por meio da dor e das limitações impostas. O Alzheimer é uma espécie de "isolamento" a que o Espírito é submetido, o qual não se encontra doente, e sim limitado pela desorganização do corpo material, que está deteriorando suas funções mentais e o aprisiona. O curioso é que os familiares são obrigados a um verdadeiro curso de paciência, tolerância e valorização da vida, pois todos os envolvidos precisam encontrar novas formas de conviver com aquele que

$-7-$

amam, o que nos faz refletir que o Alzheimer é uma possibilidade de resgate coletivo, uma oportunidade de exercitar o amor incondicional.

Assim ocorre também com manifestações de desequilíbrio funcional como depressão, bipolaridade, transtorno obsessivo-compulsivo e outros, que assolam a insatisfação do ser, com este elegendo para imediata felicidade o ter em detrimento do ser. Somente a comunhão pacífica e serena da crença na imortalidade e em nossa origem divina fará que nos sintamos parte de um todo indivisível, e não apenas fragmentos de vida isolados da felicidade real.

Não sentiremos mais solidão nem alienação quando aceitarmos que somos naturalmente espíritos, vivendo felizes dentro dessa condição.

Olhemos para a grandeza de nossa mente, para o benefício do livre-arbítrio, cientes de que podemos realizar mais e melhor a cada dia, e que a possibilidade desta encarnação é um presente da vida eterna.

Deus os abençoe sempre nesta bendita caminhada de oportunidades. Com carinho pela humanidade, de seu amigo,

Ineque

Índice

Capítulo 1 - Descobertas 11

Capítulo 2 - Esperança 19

Capítulo 3 - Planos para o futuro 25

Capítulo 4 - Um novo querer 37

Capítulo 5 - O auxílio de Ester 43

Capítulo 6 - Dias bons e dias ruins 51

Capítulo 7 - Rejeição 57

Capítulo 8 - Tempos novos 67

Capítulo 9 - Um novo dia 75

Capítulo 10 - Tempo de paz 83

Capítulo 11 - Intransigência 91

Capítulo 12 - Compreensão 97

Capítulo 13 - Tristeza e preconceito 105

Capítulo 14 - Grande dor 113

Capítulo 15 - Desequilíbrios 121

Capítulo 16 - Enfrentamentos 131

Capítulo 17 - A história de Sandra 139

Capítulo 18 - Abismo doloroso 147

Capítulo 19 - Nada está perdido 157

Capítulo 20 - As leis civis e as leis naturais 165

Capítulo 21 - Surpresas da vida 173

Capítulo 22 - Momentos decisivos 181

Capítulo 23 - A dor que reequilibra a alma 189

Capítulo 24 - Sempre há esperança 199

Capítulo 25 - Reencontros 205

Capítulo 26 - Um dia de paz 211

Capítulo 27 - Sempre há tempo 217

CAPÍTULO 1

Descobertas

Após um dia de trabalho exaustivo, Hugo chegou a sua casa. A primeira coisa a fazer era tirar os sapatos; seus pés doíam. Sentia-se cansado, mas feliz, pois adorava sua vida profissional, além de cuidar de sua casa. Encantado, olhou para o jardim de flores, que era também um pequeno pomar, com algumas árvores frutíferas plantadas por ele mesmo. Suspirou fundo e agradeceu a Deus por essa bênção de luz.

Abriu a grande porta de vidro que dava para a bem cuidada área de lazer e aspirou o ar puro de final de tarde. Apesar de morar em uma grande metrópole, ele e seu companheiro tinham resolvido se mudar para uma pequena cidade montanhosa, próxima o suficiente para não tornar inviável essa decisão, em um condomínio confortável e muito seguro.

Era um condomínio de casas bem administrado, que abrigava várias famílias.

Percorreu o terreno, livrando o canteiro de ervas daninhas. Aproximou-se de uma linda trepadeira, um tomateiro, que exibia exuberantes cachos com minúsculos tomates. O rapaz pegou um e colocou-o na boca, a expressão de prazer simples e verdadeira, a doçura da fruta tirando de seus lábios um sussurro de prazer. Pensou fascinado: "Que doce! E fui eu que plantei".

Escutou o telefone tocar e pensou contente: "É Ester. Essa danada já sabe que cheguei".

Atendeu o telefone e falou bem-humorado:

– Acho que você fica me vigiando.

A moça riu com gosto e respondeu com carinho:

– Sabe que sinto sua falta, e ontem nem consegui falar com você. Cheguei tarde da casa de meus pais. Você falou que ia passar por lá, mas não apareceu.

– Eu sei, querida. Desculpe, mas eu e o Val ficamos presos no hospital. Houve um acidente feio na estrada, e aquilo virou um campo de guerra.

– Nossa! Foi ruim assim?

– Foi sim. Perdemos duas crianças, e isso me deixa louco, você sabe!

SEMPRE HÁ TEMPO

– Sinto muito, Hugo. E o Val, como está? O Guto ficou preocupado, você sabe como são esses dois. Até parece que nasceram juntos – falou Ester, rindo alto.

– O pior é que nasceram mesmo, não é? Gêmeos, e com uma afinidade incrível.

– Nós nem somos irmãos e temos afinidade também, não é, meu amor? Não sei o que seria de mim sem você. Tenho certeza de que, se me perguntassem se queria um irmão, eu indicaria você para o cargo.

– Nossa! Isso já é obsessão, além de excesso de bajulação – respondeu Hugo rindo.

– E a adoção do pequeno Manuel, vocês têm alguma resposta?

– Amanhã temos horário com o advogado. Estamos preparando tudo de acordo com as instruções dele; mudamos de casa, esta é maior, em um ambiente mais saudável e seguro. Já conversamos no hospital, para que nossos plantões sejam separados, assim poderemos estar sempre com nosso filho.

– E o Manuel? Já contaram para ele?

– Aquele moleque é danado; ele percebeu que o queremos e só fala nisso, o que me dá um pouco de receio. Ainda temo não sermos aprovados, porque não somos um casal convencional.

– Não acredito que esse seja um motivo para impedir a adoção. Pesquisamos e vimos vários casos de casais homossexuais que adotaram crianças e elas estão muito bem, tendo uma vida segura e saudável.

– Eu sei, querida, mas vai depender também da pessoa que encaminhar o processo. Se for preconceituoso, pode pôr tudo a perder. Lembra que fomos conversar com aquele casal que sofreu esse tipo de preconceito?

– Mas eles conseguiram a adoção.

– Mas foi um processo danado de traumático. Às vezes, sinto muito desânimo; não estou muito bem. Tenho tido pesadelos horríveis com meu pai; ele me persegue e fala com raiva coisas horríveis, e acordo suando e aterrorizado.

– Hugo, minha mãe e a sua já falaram para fazer um tratamento espiritual, mas você rejeita. Não sei o que aconteceu para vocês se afastarem; vocês iam toda semana, pelo menos nas palestras, mas há uns três anos se recusam. E outra coisa: Otávio está bem, na medida do possível; já compreende algumas coisas que fez e que não foram boas, e está se esforçando bastante para consertar.

– Não é que nos recusamos a ir, Ester, é o cansaço. O período de residência médica é muito difícil. Depois, o contrato com o hospital. É muita coisa! E sei que meu pai está melhor, mas mesmo assim tenho esses sonhos horríveis; sei até que pode ser um espírito ignorante usando meus traumas, mas racionalizar essas informações a ponto de conseguir me equilibrar mesmo está sendo difícil. Sei que tenho traumas, e a psicoterapia eu tenho feito, mas você tem razão: falta algo, e acredito que seja cuidar da parte espiritual.

– É muita desculpa, isso sim, e você sabe disso. Não dá mais para ficar enrolando, meu amor; você está precisando de ajuda. Vamos lá amanhã? A Sandra vai estar no atendimento fraterno, e você gosta tanto dela!

– Está bem. Nós vamos, estaremos de folga. Vamos ao advogado, depois passo na academia para ver minha mãe e Caio, e a pestinha da minha irmã Aninha; em seguida, nos encontramos na casa espírita, está bem?

– Combinado!

– Ester, você acha que é meu pai me assombrando? – Apesar de já saber a resposta à sua dúvida, mesmo assim Hugo perguntou a Ester.

– Assombrando? Tem dó, hein? Para dizer que seu pai está assombrado você, precisaria primeiro acreditar em assombração; mas não acredito nisso; pelas notícias que temos, Otávio está bem melhor, inclusive já pede por trabalho. Está lembrado da mensagem que recebemos?

– Eu sei, mas tem dia que não consigo acreditar nisso. Ando me questionando até sobre essa ideia de múltiplas vivências. Estou muito esquisito mesmo.

SEMPRE HÁ TEMPO

– Vou marcar um psiquiatra para você. Além de espírito também somos matéria, não é? Vamos cuidar das duas coisas.

– Está certo, marca para mim e depois faço terapia com você.

– Bem que eu gostaria de ser sua psicóloga, mas sabe que não posso.

– Eu sei, estou brincando. Mas vê pra mim alguém em quem confie, está bem?

– Vou ligar para a Simone. Confio muito nela como profissional.

– E o nenê na barriga?

– Crescendo, padrinho, crescendo.

– Então, se você quer a mim e ao Val para padrinhos, como vamos fazer?

– Como assim?

– Nós dois somos homens; você precisa de um padrinho e uma madrinha.

– Tem dó, Hugo! Que bobagem. A ideia de vocês apadrinharem meu nenê não tem nada com rituais antigos; estou pedindo um compromisso moral, só isso.

Hugo riu da maneira com que sua amiga falou e perguntou:

– Só isso?

– Só. Afinal, se eu e o Guto faltarmos, vocês o educarão, é só isso.

– Obrigado pela confiança, e você sabe de nossa alegria pela escolha de vocês, não é?

– Sabemos sim, e agradecemos a Deus todos os dias pelo amor que recebemos dos dois. Agora preciso preparar o jantar; aquele meu marido chega em casa querendo comer até os pratos.

– Também preciso providenciar algo para nós.

– Amigo, somos vizinhos de muro. Se vou fazer o jantar, então venham comer conosco.

– Tem certeza? Porque estou mesmo com preguiça de mexer nas panelas.

– Deixei uma quiche de alho-poró e uma saladona preparadas, serve?

– Se serve? Mas a quiche é grande?

– Esganado! É sim. Venha logo.

– Vou tomar banho e esperar o Val, aí nós vamos.

Os amigos desligaram o telefone.

Ester continuou pensando em Hugo. Estava preocupada com ele; sempre fora tão equilibrado e otimista, mas nos últimos meses vinha observando que seu padrão mental caminhava para a depressão.

Tomou o celular nas mãos e ligou para sua amiga psicóloga.

– Simone, desculpe incomodá-la a essa hora.

– Que é isso, Ester, não se preocupe. Aconteceu alguma coisa? Você parece preocupada.

– Estou sim. Lembra que falei de meu amigo Hugo?[1]

– Sei quem é, você fala muito nele.

– Já contei a história dele, está lembrada?

– No geral, sim, mas não me lembro bem dos detalhes. O que houve?

– Sinto que ele não está bem; acredito que esteja muito perto de manifestar um quadro depressivo. Vou marcar uma consulta com o Leandro, nosso colega que se especializou em Psiquiatria, e gostaria que você o atendesse. Ele faz algumas sessões de psicoterapia, mas acredito que não esteja sendo suficiente. Gostaria muito de uma avaliação sua.

– Pode deixar, amanhã mesmo, assim que chegar ao consultório, vou agendá-lo e ligo para você.

– É melhor falar com ele direto. Ele e o Val são médicos intensivistas no Hospital das Clínicas e também fazem plantão na Emergência. Então, os horários são muito doidos.

– Passa o número de telefone dele e eu ligo; assim combinamos o horário certo. E você, como está?

– A cada dia mais gorda e barriguda, mas também mais feliz do que nunca. O Guto parece uma criança, ansioso demais para ver a carinha de nosso filho ou filha.

---

[1] História relatada no livro de Maurício, psicografia de Eliane Macarini, intitulado *Sempre há vida.*

SEMPRE HÁ TEMPO

– Vocês não querem mesmo saber o sexo?

– Não mesmo; isso não nos faz diferença. Vai ser surpresa.

– Acho que, se conseguir controlar minha ansiedade quando ficar grávida, também vou esperar o dia do parto.

– Acho que o Guto está chegando.

– Então amanhã eu ligo pra você e combinamos algo antes do dia especial.

Simone deu uma risada gostosa e se despediu da amiga.

CAPÍTULO 2

Esperança

No dia seguinte, Hugo e Val se encontraram com o advogado.

– Bom dia, doutor Silvio, tudo bem? – cumprimentou Val.

– Bom dia, Val. Bom dia, Hugo. Tudo em paz, graças a Deus. Acredito que tenha boas notícias.

– Estamos bastante ansiosos, doutor Silvio.

– O documento de união estável está pronto, e foi afiançado que vocês estão juntos há mais de seis anos. Essa providência os faz serem aceitos pela sociedade como família.

– Assim fácil? – perguntou Hugo.

– Não tão fácil. Legalmente, ninguém pode contestar esse fato, mas ainda estão sujeitos a julgamentos preconceituosos. Nós já conversamos sobre isso; o que é ético e moral leva um tempo para ser equacionado.

– Entendemos isso, mas legalmente somos um casal e, portanto, podemos ter filhos adotivos? – perguntou Val.

– Não podemos negar que o termo "família" foi ampliado, não sendo mais necessário que um homem e uma mulher se unam em matrimônio para que se forme uma família. A lei civil trouxe para a sociedade a figura da união estável; abriu-se então uma nova perspectiva nos relacionamentos e na constituição da própria família, portanto existe família mesmo que não haja casamento formal. Outra conquista é a figura da família monoparental, quando apenas um dos dois, pai ou mãe, convive com os filhos, sejam eles naturais ou adotados. Um novo conceito também foi incluso: a família homoafetiva, com a união de duas pessoas do mesmo sexo que tenham a intenção de ficar juntas por laços de afetividade e com intuito duradouro, devendo ainda ser protegidas e tuteladas pelo Estado, gozando assim de todos os direitos e deveres inerentes a essa instituição.

"A professora Dóris de Cássia Alessi destaca: 'Amparadas pelos princípios constitucionais, as uniões homoafetivas ganharam relevo a partir do momento em que o obsoleto modelo patriarcal e hierarquizado de família cedeu lugar a um novo modelo fundado no afeto. A propósito, as uniões entre

SEMPRE HÁ TEMPO

pessoas do mesmo sexo pautadas por amor, respeito e comunhão de vida preenchem os requisitos previstos na Constituição Federal em vigor, quanto ao reconhecimento da entidade familiar, na medida em que consagraram a efetividade como valor jurídico'.

"Conclui ainda que 'Enquadrar hoje as uniões homoafetivas dentro do âmbito de família é mais do que questão constitucional, trata-se de uma postura ética'."

– Sabemos de todas as implicações sociais, doutor, e até das situações inusitadas que deveremos viver, mas sabemos também que devemos encarar a possibilidade de sermos felizes e lutar pela liberdade de fazer escolhas, como qualquer outra pessoa. Não estamos fazendo nada de errado; nós nos amamos de verdade e com respeito. Queremos construir um relacionamento sério e dar uma possibilidade a crianças que foram rejeitadas, mostrando a esses pequenos de Deus que podem ser amados e crescer com dignidade – falou Hugo.

– Apesar de termos famílias que nos apoiaram durante nossa vida, sofremos com a discriminação e mesmo com a perseguição, por sermos considerados diferentes; acreditamos, porém, que estamos aptos a receber em nossa casa filhos que amaremos e cujas escolhas apoiaremos, contribuindo com seu processo de educação para uma vida útil e feliz – completou Val.

– Eu os conheço há bastante tempo, meus amigos. Sei de suas intenções e valor moral, acima da mesquinhez de muitos; apenas quero que se lembrem da luta que viverão. Moro no mesmo condomínio que vocês, mas os aconselho a pensarem seriamente em procurar outro lugar. Eu e minha esposa os amamos muito e não queremos que sofram com a maldade de alguns – advertiu o advogado.

– Sabemos o que está acontecendo no condomínio, as reuniões que andam sendo feitas. Estamos atentos e, se percebermos que isso afetará nossa família, pode ter certeza de que tomaremos as atitudes necessárias para nos defender – arguiu Val.

– Mas voltemos ao assunto principal desta reunião, por favor. E agora, o que será feito? – perguntou Hugo.

– Os papéis de pedido da adoção estão prontos e vocês vão assinar agora. – O advogado estendeu os documentos ao casal, e ambos, emocionados, apertaram-se as mãos, em seguida assinando os papéis.

– Doutor Silvio, há casos ganhos que podem ser citados para nos auxiliar neste processo?

– Há sim; vou mostrar a vocês. Na verdade, eu citei um deles: "Apelação cível. Adoção. Casal formado por duas pessoas de mesmo sexo. Possibilidade. Reconhecida como entidade familiar, merecedora da proteção estatal, a união formada por pessoas do mesmo sexo, com características de duração, publicidade, continuidade e intenção de constituir família, decorrência inafastável, é a possibilidade de que seus componentes possam adotar. Os estudos especializados não apontam qualquer inconveniente em que crianças sejam adotadas por casais homossexuais, mais importando a qualidade do vínculo e do afeto que permeia o meio familiar em que serão inseridas e que as liga aos seus cuidadores. É hora de abandonar de vez preconceitos e atitudes hipócritas desprovidas de base científica, adotando-se uma postura de firme defesa da absoluta prioridade que constitucionalmente é assegurada aos direitos das crianças e dos adolescentes (art. 227 da Constituição Federal). Caso em que o laudo especializado comprova o saudável vínculo existente entre as crianças e as adotantes (Apelação Cível Sétima Câmara Cível nº 70013801592, Tribunal de Justiça do RS, Relator: Luis Felipe Brasil Santos, julgado em 5/4/2006)".

– Isso me deixa mais tranquilo – falou Val.

– Mas temos uma surpresa, uma coisa que não sabíamos quando vocês resolveram adotar Manuel. Por ser muito jovem, com apenas três anos, ele não teve condições de informar a respeito do assunto ao ser levado de sua família original – falou o doutor Silvio.

SEMPRE HÁ TEMPO

– Meu Deus, eles o querem de volta, é isso? – perguntou Hugo, bastante aflito.

– Não, nem de longe os pais biológicos de Manuel poderão ter seus filhos de volta – informou o advogado.

– Filhos? – falaram Hugo e Val ao mesmo tempo.

– Sim, filhos. As outras três crianças estavam sob a tutela de uma vizinha, que as usava para mendigar. Houve uma denúncia, e elas foram retiradas de lá e levadas ao orfanato. Durante as investigações, um detetive descobriu que eram irmãos de uma criança que havia sido salva dos maus-tratos que sofria.

– Santo Deus, quatro crianças? Qual é a idade delas?

– Não tenho todos os dados, mas acredito que o mais velho tenha cinco anos e a mais nova, alguns meses. E o outro está entre eles. Uma vizinha aventou a hipótese de ser irmã gêmea de Manuel. Ela é bem menor que ele, está muito maltratada, e com o desenvolvimento neuromotor e emocional comprometido, por falta de cuidados e estímulos.

– Quatro crianças! Como faremos, Val? – perguntou Hugo aflito.

– O fato de serem irmãos não os obriga a adotar todos eles – explicou o advogado.

– Mas como vamos separar uma família, se a ideia primeira é constituir uma? – questionou Val. – Precisamos de pelo menos um dia, doutor. Temos que pensar seriamente no que fazer. Se adotarmos os quatro, precisaremos de ajuda da família, então vamos conversar com eles. Ainda bem que hoje é nossa folga.

– Adotar os quatro, Val? Será que damos conta? – perguntou Hugo.

– Por isso precisamos conversar com a família, afinal, temos uma família excelente. Acredito que eles não vão se recusar a nos ajudar – acrescentou Val.

– E ainda tem o nenê da Ester e do Guto, do qual seremos padrinhos.

– Teremos uma família grande – falou Val, rindo com alegria.

– Está bem, vamos marcar uma reunião com todos hoje à noite, está bem? – sugeriu Hugo.

– Mande uma mensagem no grupo da família; em breve teremos resposta.

Em poucos minutos, a família dos rapazes se comprometeu a encontrá-los em sua casa. Hugo, bastante aflito com a notícia, ligou para Ester, contando as novidades.

– Que lindo, Hugo, pode contar comigo e com o Guto; ele está aqui ao meu lado, estamos no médico. Vou fazer ultrassom, o último desta gestação. Nossa, que maravilha! Quatro filhos, e eles são irmãos; não devemos separá-los mesmo, eles já são uma família. Que presente Deus lhes deu; estou chorando de emoção, meu amigo.

– Você acredita mesmo que vamos dar conta, Ester?

– Tenho certeza. Eles terão muitos padrinhos e madrinhas para ajudar vocês. Sabe a idade deles?

– O doutor Silvio acredita que o mais velho tenha cinco anos e a mais novinha, alguns meses.

– O terceiro?

– Uma menina que talvez seja irmã gêmea do Manuel.

– Gêmeos? Ai, meu Deus, eu vou surtar; eu quero essas crianças, elas serão nossas. Você compreende isso, Hugo? E o Val, está feliz?

– Mais seguro do que eu, você pode acreditar.

Os amigos continuaram a conversa, e Hugo foi relaxando e descobrindo a beleza do que vivenciava.

De nosso plano, observamos entidade de densa energia que insistia em penetrar o campo vibratório de Hugo. Aproximamo-nos, mas não conseguimos identificá-la. Ela se foi rapidamente, envolta em densa nuvem de miasmas grotescos.

CAPÍTULO 3

Planos para o futuro

À noite, os familiares de Hugo e Val se encontraram para conversar sobre as novidades. Hugo já havia informado a todos o tema da conversa, visto que, após solicitar o encontro familiar, as perguntas curiosas sobre o assunto a ser tratado foram muitas e insistentes. Animados, chegavam à agradável residência, sorridentes e felizes com a possibilidade da adoção das quatro crianças.

– E aí, pessoal, o que vocês acham da novidade? – perguntou Hugo.

Todos responderam ao mesmo tempo, com fala rica em comentários produtivos. Em pouco tempo organizaram um sistema funcional para auxiliar os rapazes, até mesmo com casais adotando as crianças como padrinhos. Entre eles estavam Silvio, o advogado, e sua esposa, Maria.

Ficou acertado que dona Maria, uma mulher de seus sessenta anos, que havia auxiliado a mãe de Val a criar e educar seus filhos, passaria a trabalhar e morar na residência, sendo responsável pelo funcionamento prático daquela família que crescia em amor e compaixão.

A noite transcorreu em paz. Rodeados pelo grupo familiar coeso, Val e Hugo estavam felizes.

Ester se aproximou do amigo, abraçou-o e falou baixinho:

– Sempre acreditei na possibilidade de vê-lo feliz e se realizar dentro desse casamento amoroso; não se abale por nada, meu amigo. Deus está constantemente presenteando-o com coisas fantásticas.

– E o primeiro presente que ele me mandou foi você. Lembro-me do dia em que se mudou para a casa ao lado da minha. Você desceu do carro e correu para me abraçar. Lembra-se disso?

– Como poderia esquecer? Foi uma emoção indescritível que senti no momento em que pus os olhos em você. Nada mais natural que agir assim ao reencontrá-lo nesta vida.

– Sua mãe contou para a minha que você falava de mim antes mesmo de nos conhecermos. Falou que um dia, ainda adormecida, você disse meu nome e afirmou que nunca ficaria longe de mim.

— Ainda bem que casamos com irmãos gêmeos e ainda somos vizinhos...

— E eu terei gêmeos também, se tudo se confirmar. Não é uma loucura?

— Uma linda loucura, meu amigo, uma linda loucura. Que nos trará muita felicidade e também muito trabalho. Afinal, serão cinco crianças crescendo juntas — enfatizou Ester, rindo feliz.

— Posso saber por que estão rindo tanto? — perguntou Guto, aproximando-se e abraçando a esposa e Hugo.

— Só imaginando a doideira de criarmos cinco crianças ao mesmo tempo — respondeu Hugo bem-humorado.

— Vai ser uma festa constante, sem contar que nossa vida não terá nada de monótono — completou Guto.

No dia seguinte, os rapazes se encontraram com doutor Silvio e confirmaram a intenção de adotar as quatro crianças.

— Doutor! — começou Hugo.

— Vamos deixar essa formalidade de lado, afinal, já somos parentes, não é mesmo? A partir de hoje só digam meu nome, sem títulos — falou sorrindo.

— Está bem, fica mais fácil mesmo — respondeu Val com alegria.

— Você sabe o nome das crianças? — questionou Hugo.

— Sei sim. O mais velho é Carlos e tem seis anos. A irmãzinha de Manuel, que é mesmo gêmea dele, chama-se Manuela, e eles contam com três anos. E a nenê tem nove meses e seu nome é Grace.

— Nove meses? E já sofreu tanto assim? — comentou Hugo.

— Infelizmente, no Brasil, o índice de crianças vitimadas e abandonadas é muito alto. A miséria ainda rouba a dignidade deste país — falou Silvio.

– É um país lindo, mas mal administrado. Ainda se veem os interesses pessoais e escusos de governantes sem noção alguma de cidadania nem patriotismo, que acabam por destruir oportunidades para o povo – completou Val.

– A corrupção é um mal maior, que só é combatida quando as coisas chegam ao estado de caos social. Afinal, o povo não tem acesso à educação verdadeira e efetiva, que o faria pensante e livre nas escolhas que fizesse – arguiu Silvio.

– É triste o que anda acontecendo com nosso país; sinto vergonha de saber que não me posicionei de forma adequada, sendo mais ativo para contribuir com a defesa de nossa pátria – reforçou Hugo.

– Esse estado de caos moral faz parte do processo de evolução, mas podemos também ser menos passivos e exigir nossos direitos junto aos representantes públicos eleitos pelo povo. Afinal, devemos partir da premissa de que só existem corruptos porque existem corruptores. Ainda vivemos na filosofia doente de levar vantagens, até mesmo nas pequenas coisas; vivemos como unidade, e não como um todo – falou Val.

– Com isso, a miséria social se instala; ainda é o governo do pão e circo. Vejam os últimos acontecimentos: a Copa Mundial de Futebol, as Olimpíadas, tantas obras inacabadas, tanta miséria e tanto dinheiro desviado em obras que nem mesmo foram concluídas e, se concluídas, não terão serventia para minimizar a dor do povo. Enquanto isso, as áreas de saúde, educação e segurança da população estão privadas do essencial – comentou Hugo.

– Infelizmente, sabemos que governantes inescrupulosos são chagas planetárias ainda eficientes na educação do espírito. Não é mesmo, meus filhos? – questionou Silvio.

– É verdadeira essa ideia; sabemos que somente o sofrimento é instrumento revelador de uma nova alma. Vejo entre nossos colegas do curso de medicina, que deveria formar profissionais competentes e com direcionamento moral eficiente para tratar o ser nos momentos de maior fragilidade, com suas dores físicas, que desencadeiam os desequilíbrios

SEMPRE HÁ TEMPO

psicológicos, já se manifestando ideais distorcidos, com o direcionamento extremo na matéria, como se a ciência da cura material fosse apenas uma maneira de ter riqueza, poder e destaque social – acrescentou Val.

– Temos uma amiga de turma que é neta, filha e irmã de médicos, mas que tem verdadeiro pavor da morte; está fazendo medicina apenas para não decepcionar a família. Ela tem certeza de que, se perder algum paciente, vai se desequilibrar de maneira violenta, então resolveu falar com os pais sobre o assunto e recebeu o conselho de calar-se e superar esse medo, caso contrário, estaria traindo as expectativas familiares – contou Hugo.

– E como essa jovem poderá conviver com esse trauma e ainda ser profissional competente? Com certeza, levará consigo durante esta vida uma sucessão de momentos conflituosos e frustrantes, e não conseguirá sentir o mínimo necessário de liberdade – acrescentou Silvio.

– Ela pretende terminar o curso e se dedicar à área da educação em uma universidade. Para não ter contato com pacientes, deverá escolher uma matéria que lhe permita isso; essa é uma das ideias que desenvolve. Mas, na realidade, seu sonho é se tornar artista plástica – informou Val.

– Precisamos nos cuidar, vigiar pensamentos, para não permitir que nossas ambições influam de forma agressiva na vida de nossos filhos. Vocês dois precisam começar a exercitar esse pensamento – afirmou Silvio com um sorriso nos lábios.

– Sua filha tem uma escola, não é? – perguntou Val.

– Tem sim. Ela trabalha com crianças desde o berço, até o nono ano. Cris mostrou ter vocação para a área da educação desde pequenininha, tanto que sua brincadeira favorita era de escolinha. Ela é a mais velha dos três filhos que temos; acreditem que ela alfabetizou os irmãos – contou Silvio, demonstrando admiração pela filha.

– Que lindo, Silvio! Vamos procurá-la e matricular nossos filhos na escola que ela administra; será um lugar de confiança para nós – informou Val.

– Antes façam uma visita, conheçam os métodos usados por ela, vejam se há afinidade de pensamento, depois resolvam. Não é porque Cris é minha filha que vocês devem aceitar minha opinião sem verificar se é isso mesmo que querem para seus filhos – completou Silvio.

– Depois que entrarmos com o pedido de adoção, quanto tempo mais para termos a alegria de ficar com as crianças? – perguntou Hugo.

– Conversamos sobre isso antes. Manuel está entre o grupo de crianças que são rejeitadas, vocês se lembram? – perguntou Silvio.

– Lembramos. Esse grupo é de crianças maiores, ou crianças com problemas de saúde ou grupos de irmãos. Nesse caso, estamos incluídos em dois grupos de rejeição, ou melhor, estamos pedindo a adoção de crianças que estão nesses dois grupos: são irmãos, e Manuel é HIV positivo. Precisamos saber se as outras crianças também estão neste último – falou Val.

– Hoje mesmo vou entrar em contato com o abrigo e solicitar os exames – afirmou Silvio.

– Mas, por favor, deixe bem claro que não nos importamos com o resultado; ele apenas nos é necessário para cuidar de maneira correta da saúde de nossos filhos – enfatizou Hugo.
– Como será que Manuel foi infectado?

– Sabemos que a contaminação de uma criança pode acontecer através da mãe, isto é, durante a gravidez, no parto ou por meio da amamentação. Existem pesquisas médicas sobre o assunto, e isso acontece em noventa por cento dos casos positivos, sendo que nos outros dez por cento as crianças também podem contrair o HIV por sangue contaminado, abuso sexual ou uso de drogas endovenosas – esclareceu Val.

– Deus meu! Fico arrepiado só de pensar em abuso infantil. Que coisa horrível para acontecer a uma criança – comentou Silvio.

– Essa violência é desumana, como toda violência, aliás, tanto para a criança quanto para o adulto. Ninguém está preparado para ser invadido dessa forma por um ato perverso.

SEMPRE HÁ TEMPO

Na época em que entramos na faculdade, houve vários casos de estupro no campus universitário, principalmente contra mulheres. Havia um panorama de horror entre os estudantes. Depois a polícia descobriu ter sido um professor que foi desligado do quadro de funcionários, justamente por assediar sexualmente suas alunas e alunos. No final, a reitoria encobriu o fato; nem sei o que houve com o sujeito, se foi punido ou não – falou Hugo.

– O mundo ainda premia os criminosos com a impunidade, e a desculpa é que a divulgação dos fatos afetaria de maneira negativa o todo, ou melhor, os negócios. Alguns anos atrás, fui procurado por uma família abastada que insistia em encobrir os crimes de um jovem bastante desajustado, com diagnóstico de psicopatia. Eles colocaram à minha disposição grande quantia de dinheiro para suborno; eu recusei o caso, que era bastante grave, e preferi não compactuar com a disposição dos parentes em acobertar o infeliz. Na época, percebi que essa disposição era mais do pai, descendente de família de destaque financeiro e social, famosa pelas contribuições com a cultura. A mãe, uma senhora acanhada e de beleza delicada, criou coragem e sugeriu a internação do filho e, posteriormente, o contato com a justiça. Sua sugestão foi rejeitada com violência, e ela, convidada a sair da sala. De cabeça baixa, afastou-se de nós – contou Silvio.

– Mas esse jovem foi punido? – questionou Val.

– Fiquei muito mal com as consequências que vieram. Apesar de ter recusado defender esse sujeito, também não pude denunciá-lo; corria o risco de perder minha licença de advogado. Algumas semanas depois, uma amiga da família apareceu morta. O corpo foi jogado em uma praia próxima à casa da família, tendo ela sofrido grave violência sexual. Tive certeza da autoria desse crime, pois era semelhante aos que me foram solicitados defender na época. Procurei um delegado federal, expus minhas dúvidas e assinei um compromisso de ajuda para elucidar o caso. Por fim, o rapaz foi preso, julgado e condenado. Era uma pessoa doente, não aguentou as punições e acabou praticando o suicídio dentro da prisão – explicou Silvio.

– É muito triste esse caso. Vemos que há mais do que doenças mentais envolvendo essas criaturas; há também processos obsessivos presentes e resquícios de encarnações passadas, lembranças tão traumáticas que as levam a uma encarnação na qual não permitem ser tocadas pelas emoções – refletiu Hugo.

– Quando estava estudando medicina, pensei muito na psiquiatria, mas depois me encantei pelo atendimento emergencial. Um dos casos que acompanhei foi de um jovem diagnosticado como psicopata. Ele atendia a algumas características dessa desordem mental, mas conforme íamos avançando no tratamento começamos a perceber que não era bem isso. A psicopatia é uma matéria pouco entendida ainda, e se popularizou o diagnóstico sem que haja um estudo profundo sobre o caso, o que causa muitos danos – falou Val.

– A psicopatia consiste em um conjunto de comportamentos que, somados a alguns **traços de personalidade** específicos, formam o triste diagnóstico. Essas mentes são encantadoras à primeira vista, causam boa impressão e são avaliadas dentro de uma normalidade assustadora; isso para quem as conhece superficialmente. Porém, no ambiente de ação, acabam demonstrando alguns comportamentos totalmente fora dos padrões sociais aceitáveis, e não falamos aqui de pequenas regras comunitárias, mas de falhas morais e éticas graves – completou Hugo.

– Outras características marcantes: egocentrismo, desonestidade; são pessoas indignas de confiança, cujos atos irresponsáveis são desprovidos de lógica; o sofrimento alheio os excita física e emocionalmente; ausência de culpa diante das maldades que praticam, derivada da incapacidade de empatia com os outros. Essas pessoas não conseguem manter relações amorosas nem assumir compromissos, sempre tendo desculpas para seus descuidos, em geral colocando a culpa em outras pessoas. Não demonstram capacidade para aprender com suas experiências de vida e muito

SEMPRE HÁ TEMPO

menos frear impulsos de diversas ordens. Intelectualmente possuem todo o conhecimento para fazer a distinção entre o bem e o mal, mas não parecem se importar com isso – falou Val.

– Esse rapaz do qual lhes falei – disse Silvio –, ele descrevia seus crimes como se falasse de um filme ao qual havia assistido, sem emoção aparente. A mãe, uma excelente pessoa, desesperada, levou-o a uma casa espírita para uma consulta no atendimento fraterno. O trabalhador que o recebeu conversou com ele com muito carinho, contando a história de uma pessoa que havia vivido séculos atrás e fora mantido prisioneiro em uma masmorra, pela própria família. Ele era filho bastardo de uma menina da realeza britânica. Nesta triste experiência, desenvolveu uma forma de defesa para não enlouquecer pela solidão e pelo abandono. Lia muito, estudava, absorvia conhecimentos, os quais não podia desenvolver vivendo como prisioneiro; ele se isolou das emoções. Já contando vinte e poucos anos, conseguiu ludibriar a ama que cuidava dele, enforcando-a com as próprias mãos. Depois se muniu de armas de corte e matou todos os que estavam no castelo naquele dia. Sumiu no mundo, usou os conhecimentos matemáticos que havia adquirido, enriqueceu e se tornou algoz de todos que dele se aproximavam. Desencarnou, dominou a nova situação, montou uma falange enorme, treinou seus súditos e continuou alheio aos sentimentos. Foi recolhido pela misericórdia de Deus, recebeu a bênção de algumas encarnações compulsórias, mas continua reticente em modificar suas atitudes. Na realidade, sua motivação é o medo de ser rejeitado – contou Silvio.

– Essa é a história desse rapaz? – perguntou Val.

– Acreditamos que sim. Quando a mãe dele me contou, também disse que ele ficou desconcertado diante do relato; olhava para o atendente fraterno com admiração. Disse que lágrimas escorriam por seu rosto impassível, até que se recompôs e foi bastante agressivo em sua fala; revoltado, disse não se importar com a dor dos outros, afinal tinha as próprias feridas para lamber. Um tempo depois encontrei essa senhora em um supermercado e ela veio sorrindo ao meu encontro; agradeceu pela minha dedicação ao direito, pois sabia da intervenção que havia feito no caso. Contou que passara a frequentar uma casa espírita com a intenção de solicitar ajuda para o filho, depois foi modificando suas intenções e percebeu que a humanidade toda precisava de ajuda; continuava a orar pelo rapaz atormentado, mas também cumpria seu dever de voluntária junto a outros irmãos necessitados. Convidou-me para conhecer a casa e até hoje estou por lá, aprendendo e dividindo o pouco que tenho e que sei. Hoje estou casado com ela – falou Silvio sorrindo.

– Sua esposa? Então... é a Maria? – perguntou Val.

– Sim, minha esposa. Eu a conheci desta maneira. Nunca imaginei que ela entenderia minha postura no caso de seu filho. Logo após o suicídio do rapaz, o pai do menino a abandonou, eles se divorciaram, e ela ficou só e muito triste. Resolveu ir à casa espírita e acabou ficando por lá.

– Que história bonita, meu amigo.

– Sim, é uma história bonita, e agradeço a Deus todos os dias pela presença desse anjo em nossas vidas. Eu estava viúvo e com três filhos adolescentes, e ela chegou e acalmou nossa casa com seu carinho e paciência – confirmou Silvio.

– Nós esperamos formar um lar assim, com muita paz e amor – falou Hugo.

Nesse instante, o celular de Silvio tocou. Ele atendeu, conversou com uma pessoa durante instantes e desligou.

– Era a assistente social do abrigo infantil. A menina menor, Grace, é portadora de síndrome de Down. Ela gostaria de falar com vocês. As outras duas crianças, Manuela e Carlos, estão bem; não apresentam o vírus HIV nem nenhum outro problema – informou Silvio.

Hugo e Val se entreolharam, respiraram fundo, seguraram a mão um do outro e falaram ao mesmo tempo:

– Vamos ficar com ela também.

SEMPRE HÁ TEMPO

– Vocês têm certeza? São muitos problemas graves. Os cuidados de que Manuel precisa por ser soropositivo já os ocuparão bastante. E agora Grace com síndrome de Down...

– Não se preocupe, nós damos conta. Ontem mesmo falei com minha mãe e Caio; eles se comprometeram a nos auxiliar de perto – informou Hugo.

CAPÍTULO 4

Um novo querer

Val acordou durante a madrugada e percebeu que Hugo não estava a seu lado. Levantou e foi procurar companheiro, encontrando-o no escritório, diante do computador ligado.

– Você está bem?

– Sim, tudo certo. Estou procurando apenas me informar um pouco mais sobre a síndrome de Down. Estou preocupado com essas crianças; são muitos problemas a serem resolvidos, sem considerar os traumas que ainda teremos que descobrir conforme os dias forem passando, tendo que aprender como agir e como cada um deles os vivenciou. Preciso saber o que devo fazer; confesso que estou perdido em um mar caótico de pensamentos confusos – respondeu Hugo.

– Vamos dar conta de tudo, você verá. Minha mãe vai nos ceder Maria; conversei com ela ontem e, depois de tantas notícias... diferentes, esqueci de lhe falar – falou Val.

– Maria? Meu Deus, ela vem mesmo, está confirmado? Ela será uma bênção em nossas vidas.

– Maria nos criou; meus pais trabalhavam muito, você sabe! Ela é doce e bastante firme, e devo a ela esse caminho que ando percorrendo. Ela me ajudou a aceitar que sou ho-mossexual, sem culpa, mas com alegria e dignidade.

– E ainda nos incentivou a assumir nossa relação, a nos casarmos, a adotar uma criança, que depois virou quatro – completou Hugo, sorrindo com lágrimas nos olhos.

– Então, sossegue o pensamento; temos o anjo Maria a caminho. Venha descansar um pouco, daqui a três horas precisaremos levantar e ir para o hospital. Hoje temos plantão de trinta e seis horas – completou Val.

– É verdade! E adoro esses plantões, mas precisamos também nos organizar para isso. Estive pensando... Sempre gostei mais de pediatria, já atendo no consultório uma vez por semana. Talvez fosse conveniente modificar meu caminho profissional, afinal estamos assumindo quatro filhos; as coisas estão se transformando – falou Hugo.

– Está falando sério? – questionou Val.

SEMPRE HÁ TEMPO

— Estou sim. Outro dia mesmo conversamos sobre o assunto, e havia dito que no futuro essa seria minha escolha — confirmou Hugo.

— Talvez eu também deva pensar em algo assim — raciocinou Val.

— Por enquanto não é necessário; a Emergência é o seu lugar, você é muito bom nisso. Vamos dormir um pouco. O dia vai ser longo, estaremos dentro de um feriado prolongado — terminou Hugo.

Os dois foram se deitar. Val adormeceu logo, mas Hugo permanecia com os olhos abertos, os pensamentos confusos, e a ideia de não saber o que fazer o atormentava.

Observamos uma densa carga energética que o envolvia pouco a pouco, e uma fala monótona e cansativa, que repetia sem cessar:

— Você é fraco, você vai sofrer e fazer os outros sofrerem. Você não é nada, ninguém pode amá-lo; você é uma aberração.

O rapaz, cansado, tapou os ouvidos. Mentalmente, implorava: "Por favor, me deixe em paz, pai!"

Hugo voltou à sala, sentou-se no sofá, e as lágrimas continuavam a escorrer por seu rosto atormentado.

Tentamos nos aproximar da forma longínqua, mas ela se foi antes que pudéssemos descobrir a origem do mal. Hugo respirou fundo; sentia um cansaço fora do normal. Deitando no sofá, adormeceu imediatamente. Tentamos ajudá-lo a fim de que tivesse um desdobramento mais significativo, mas ele rejeitou nossa presença; estava muito amedrontado.

Voltamos à casa espírita, eu e Ana. Vinícius nos aguardava na sala ao lado de um jardim encantador.

— Bom dia, meus jovens. E como está Hugo?

— Bastante perturbado. Ainda consegue alguns momentos de paz e lucidez, mas, quando está só, ou com a casa em silêncio, é facilmente assediado por um irmão que ainda não conseguimos identificar – falei com tristeza.

— Hugo acredita que é o pai, Otávio, que o persegue. Há alguns minutos percebemos que sentiu uma presença maléfica e implorou que o deixasse em paz, referindo-se ao pai – esclareceu Ana.

— E Otávio, como está? – perguntou Vinícius.

— Estivemos com ele há mais ou menos trinta dias; parecia bem, ainda confuso, com remorso e sentindo culpa; nada que sugerisse um processo obsessivo em relação a Hugo – informei aos amigos.

— Vamos nos certificar disso. Hoje mesmo faço uma visita a ele. Enquanto isso, auxiliem-no a melhorar o padrão vibratório, está bem?

Voltamos para perto de Hugo. Ele acordou com a cabeça bastante confusa; parecia mareado e inseguro. Val veio ter com ele e perguntou:

— Você voltou à sala?

— Não consegui dormir e não quis acordá-lo.

— Hugo, precisamos de ajuda. Tenho observado você e vejo que está bastante confuso e infeliz. Vamos conversar com Ester; ela sempre tem uma saída para suas crises.

— Ela está no final da gravidez e precisa de sossego; não quero incomodá-la.

— Ester não vai se incomodar, porque também está bastante preocupada; ontem mesmo conversamos sobre isso.

— Estão tramando pelas minhas costas? Falam de mim como se eu não tivesse capacidade de participar! Isso é falta de respeito, e eu o proíbo de fazer isso novamente.

SEMPRE HÁ TEMPO

— Hugo, acalme-se, veja como está se comportando.

— Não me amole, por favor! Não chega termos de viver com toda essa diferença da qual somos vítimas, agora também vai me tratar como uma aberração? E sabe do que mais? Não me importo com o que vocês pensam, e vê se se apressa, porque vamos chegar atrasados.

Hugo foi em direção ao banheiro, trancou a porta e entrou embaixo do chuveiro, deixando a água quente escorrer por seu corpo e se misturar às suas lágrimas.

Sentia-se mal por tratar Val dessa forma, mas não conseguia se controlar; sentia muita raiva e que todos conspiravam contra ele.

Uma figura enegrecida pelos próprios pensamentos se aproximou e com desfaçatez nos encarou, alimentando o estado emocional do rapaz.

Ana se aproximou de Hugo e falou baixinho:

— Está tudo bem, Hugo. Você é amado porque é uma alma linda, amorosa e está aprendendo a ser melhor, então respire fundo e sinta esse amor. Não permita que ninguém o convença do contrário.

Hugo respirava pausadamente; aos poucos foi criando distância energética entre ele e a entidade que o assediava. Saiu do chuveiro, enxugou-se, vestiu-se e foi procurar Val.

— Desculpe, não sei o que anda acontecendo comigo. Sinto uma ansiedade terrível e meus pensamentos estão muito ruins; preciso de sua ajuda e da de todos os que nos amam. Por favor, não desista de mim!

Val o abraçou como a uma criança necessitada de conforto e segurança.

— Não se preocupe. Nós o amamos de verdade e nunca desistiremos de você, está bem? Vamos falar com Ester?

— Vamos sim, ela sempre sabe o que fazer. Confio nela!

Enquanto Ana auxiliava Hugo, aproximei-me da entidade que assediava o moço e procurei conversar:

— O que está acontecendo? Percebo que você tem uma postura distante daquilo que faz, então não há nada pessoal em sua ação com Hugo.

Ele me olhou cínico e falou em um meio-sorriso:

— Apenas trabalho entediante, só isso.

— Se já não sente prazer no que faz, então procure um novo caminho.

— Não gostar deste momento não exclui a necessidade dele.

— Você está fazendo uma troca.

— Você é esperto, apesar de estar do lado dos trouxas.

Sorri com carinho do comentário do rapaz e falei bem-humorado:

— Você ainda se apresenta numa aparência bastante jovem. Desencarnou assim ou trabalhou a forma depois?

— Esta é minha aparência no dia em que me mataram.

— Você não aceita esse fato, não é?

— O assassinato, com certeza não, e eles pagarão caro por isso.

— Por isso você considera justo fazer aos outros o que fizeram a você, uma ação que ainda lhe causa tanta revolta?

Ele me olhou admirado, virou as costas e se foi. Percebi que nunca havia parado para pensar sobre o assunto.

Continuamos ao lado dos rapazes. Sabíamos que, caso o jovem desistisse de seus intentos, logo outra entidade o substituiria. E Hugo, apesar de se mostrar melhor, ainda continuava bastante frágil.

CAPÍTULO 5

O auxílio de Ester

No dia seguinte, Val entrou em contato com Ester, e ela se prontificou a pegar Hugo no hospital meia hora antes do início do atendimento fraterno na Casa Espírita Caminheiros de Jesus.

No horário combinado eles se encontraram. Hugo sentiu certo conforto ao lado da amiga de infância.

— Como é bom estar com você — falou o rapaz abraçando a moça.

— Também sinto o mesmo. Estou preocupada, Hugo. O que anda acontecendo com você?

— Não sei, Ester, mas a sensação pior é de estar preso em um lugar escuro; sinto até falta de ar. As vozes em minha cabeça não param; vejo vultos que me rodeiam. Vou entrando em pânico, perdendo a noção do tempo e do espaço. E sinto uma tristeza sem fim, parece que toda a esperança do mundo foi... erradicada.

— Que triste! E você consegue identificar algo que lhe esclareça essas sensações ruins?

— Quando começa, parece que vejo meu pai, como ele era. Aliás, não consigo nem imaginar esse novo Otávio de que vocês falam, com remorso das maldades que fez conosco. Eu ainda o escuto me xingando, ameaçando, humilhando e debochando de mim.

— Hugo, seu pai se foi há quase vinte anos. Você precisa fazer um movimento de perdão em direção a ele e acabar com essa revolta tão triste. Isso apenas o faz frágil e acessível a influências ruins, meu irmão.

— Estou sentindo cansaço, Ester. Mesmo o que você fala agora me dá revolta. Não quero mais saber disso, entende? Preciso de um momento de descanso, sem precisar me preocupar com quem sou ou com a maneira como ando pensando. Queria apenas que o mundo fizesse silêncio por um instante, o suficiente para que eu pudesse respirar sossegado, sem ficar em alerta pensando se tem ou não espíritos me perseguindo.

— Mas não é assim que funciona, não é? Ninguém resolve seus problemas fazendo de conta que eles não existem, ou

SEMPRE HÁ TEMPO

mesmo em um instante de silêncio que nunca vai acontecer, porque a primeira coisa que não se cala é nossa mente.

Hugo segurou a cabeça entre as mãos e falou em agonia:

– Eu sei disso, eu sei, e esse conhecimento me deixa em pânico. Sinto muito medo do futuro, e ainda inventamos a história da adoção, que já estava me dando medo e só vem se agravando. Não é mais apenas uma criança, são quatro. Você entende? São quatro!

– Chegamos, e Sandra também – falou Ester aliviada, pois não sabia mais o que falar.

– Não quero entrar, por favor, vamos embora!

Nesse instante, Sandra, que havia entrado na casa espírita, voltou à rua como se procurasse alguém. Identificou Ester e Hugo, sorriu e se dirigiu ao encontro dos dois.

– Boa noite, meninos, como estão?

Ester olhou para Sandra em busca de socorro.

– Oi, Sandra, precisamos de ajuda!

– Eu sei. Vamos entrar?

– Não, eu não quero entrar, preciso ir embora. Estamos perdendo tempo aqui.

– Está bem, então eu entro – falou a atendente, abrindo a porta traseira do carro e entrando.

Ester respirou fundo e fez uma prece silenciosa pedindo auxílio para seu amigo; não sabia mais como conversar com Hugo e sentia uma desagradável dor nas costas.

– Ester, vá tomar um pouquinho de água enquanto converso com seu amigo, está bem?

A moça não precisou de mais; saiu do carro e entrou na adorável casa de socorro, sentou-se no pequeno salão e continuou com suas preces.

– Então, Hugo, qual é a razão de tanta revolta?

– Não sei, não sei mesmo. Há mais de mês estou assim e só tem piorado.

– Você procurou ajuda médica?

– Ester marcou uma consulta com um psiquiatra que ela conhece, e uma psicóloga também vai me avaliar.

Eliane Macarini ditado por Maurício

– Ótimo. E por que não procurou auxílio espiritual?

– Estava falando sobre esse assunto com Ester; estou cansado disso. Desde pequeno vivo nesses atendimentos que não resolvem nada; sempre entro neste estado de depressão.

– Você estudou bastante a Doutrina dos Espíritos; lembro que sempre foi um dos mais dedicados na evangelização, na mocidade. Depois que entrou para a faculdade de medicina, frequentava as palestras e, pelas minhas lembranças, conseguiu absorver bem os conceitos filosóficos expostos, fazendo até um esforço saudável para praticá-los, não é?

– É sim. Sinto saudades dessa época, era mais crente e tinha mais esperança na vida.

– Então não é como você falou... Funcionou direitinho enquanto você fazia sua parte.

– Mas tudo ficou mais difícil: a residência, os plantões, os horários confusos; não consegui mais me organizar para vir aqui.

– Tem certeza disso?

Hugo olhou para ela e baixou os olhos; sua expressão era de desânimo.

Sandra percebeu a movimentação de densa energia que envolvia mais e mais o rapaz. Hugo, por sua vez, mostrava desconforto; seus olhos espelhavam a grande confusão de pensamentos e sentimentos que o assolavam. Ela se concentrou e sentiu ligeiro mal-estar, então sugeriu ao rapaz:

– Vamos entrar. Lá dentro teremos uma proteção melhor para o que necessitamos fazer.

– Não quero entrar; só de pensar em passar por aquela porta, sinto medo e preciso lutar contra o pânico.

– Isso é normal, Hugo? Quando foi que sentiu algo semelhante nestes anos todos em que esteve por aqui?

– Nunca senti isso! – respondeu o rapaz quase gritando.

– Então, pelo conhecimento que tem, como explicaria isso a alguém que lhe pedisse informações sobre essas sensações?

– Eu diria que há uma interferência poderosa no pensamento dessa pessoa, que não admite que ela esteja bem.

– Olhe para mim! Vamos entrar!

SEMPRE HÁ TEMPO

Hugo soltou o cinto de segurança e falou em pânico:

– Vamos, mas vamos rápido, que estou sentindo que vou desfalecer.

O moço saiu do carro e entrou rapidamente na casa espírita. Sentou-se ao lado de Ester e fechou os olhos. Respirava devagar e continuamente; sentiu que algumas pessoas o ajudavam e o levavam para outro lugar da casa.

Viu-se em uma pequena sala de atendimento, não aquela que tão bem conhecia, de paredes brancas e que abrigava apenas algumas cadeiras para que as pessoas se sentassem; era um lugar diferente, mais limpo, de uma luminosidade que a princípio cegava, mas depois parecia penetrar em seu corpo e trazer conforto.

Sentiu-se seguro, fechou os olhos e adormeceu. Finalmente, tinha seu momento de silêncio; sentia que estava bem e sendo cuidado com carinho. Nada importava para aquelas pessoas, apenas sua liberdade e felicidade.

Hugo abriu os olhos devagar, reconhecendo a familiar e simples sala de atendimento fraterno. Olhou para a frente e viu Sandra e Pedro, que lhe sorriam.

– Como você está? – perguntou Sandra.

O rapaz respirou fundo, tentando entender como havia chegado ali.

– Nós o trouxemos. Você estava bastante envolvido em energias menos nobres e acabou perto de uma exaustão grave. – explicou Pedro.

– Desculpem, não consigo entender como entrei neste estado de desesperança e dor. O pior é que sabia o que estava acontecendo e não tive forças para lutar contra isso. – disse Hugo envergonhado.

– Não se preocupe com isso agora. Tem momentos em nossas vidas que nos cansamos da luta ordinária do dia a dia, o que acaba por tirar a vontade persistente de vigiar nossa mente. – respondeu Sandra sorrindo.

– Também esqueci esse fato; andava culpando uma multidão pelas minhas incertezas e dores, e esqueci que somente eu mesmo poderia estabelecer limites para isso, principalmente para a ação de outras mentes sobre a minha – falou Hugo, sorrindo desconsolado.

– Isso é natural no estágio de evolução em que nos encontramos; além do mais, a matéria nos limita a movimentação mental e ficamos presos a alguns conceitos e situações que acabam por debilitar nosso ânimo, mas nesses momentos precisamos nos tornar lúcidos e lógicos, e perceber que sozinhos não damos conta do recado, então precisamos... – completou Sandra.

– ... precisamos pedir ajuda aos amigos em quem confiamos, mas as vezes, isso se torna difícil também. – avaliou Hugo.

– E a essa atitude mental, podemos dar que nome, Hugo? – Perguntou Sandra.

O rapaz olhou para a médium e sorriu sem graça, verbalizando:

– Orgulho.

– E manter a dor por causa do orgulho não é saudável para ninguém, não é? – disse Sandra.

– Não, não é mesmo. – respondeu Hugo.

– Mas todo estado de fragilidade emocional tem uma origem. Qual foi a causa para você se sentir tão solitário? – questionou Pedro.

– Ando lembrando muito das atitudes de meu pai, e isso me deixa inseguro. – disse Hugo.

– Essa é uma consequência, e não a causa, meu amigo. A origem de seu estado emocional fragilizado tem causa no que considera, nas avaliações que faz de si mesmo, e não na reação dos outros sobre isso. – completou Sandra.

Hugo respirou fundo de novo e falou em um fio de voz:

– Não sei se estou pronto para falar sobre isso! – respondeu Hugo de cabeça baixa.

– Não precisa verbalizar. Se você já conhece a razão de seu sofrimento, aquilo que o debilita a ponto de torná-lo vulnerável a uma influência danosa, você precisa se posicionar. Um dos caminhos é se fortalecer espiritualmente, no que nos

SEMPRE HÁ TEMPO

propomos a auxiliar. Outro caminho, não menos importante, é procurar a ajuda médica de um psiquiatra e uma boa terapia psicológica. – aconselhou Sandra.

– Você tem razão; vou fazer isso. O psiquiatra está marcado para amanhã, e a psicóloga, para segunda-feira. – informou Hugo.

– Ótimo. Agora vamos fazer uma vibração de amor e paz, está bem? – convidou Pedro.

CAPÍTULO 6

Dias bons e dias ruins

Após o atendimento fraterno, Hugo sentiu-se melhor; andava mais sossegado, conseguia controlar os pensamentos com mais segurança e participava ativamente de todo o processo de adoção. Sentia certo receio, mas sabia que os problemas que surgiriam seriam resolvidos conforme a necessidade.

Val contratou um profissional para fazer algumas reformas necessárias na casa, afinal, agora teriam mais quatro moradores, com necessidades diferentes das atuais.

Compraram móveis novos para os quartos das crianças, brinquedos para o quintal, roupas, carrinhos, enfim, tudo o que pudessem providenciar antes da chegada dos meninos.

Em uma dessas incursões ao shopping center, entraram em uma loja de roupas infantis e falaram com uma vendedora.

– Você poderia nos ajudar? – perguntou Hugo

– Claro! Do que precisam?

Val tirou um papel do bolso e respondeu:

– Veja, são os tamanhos de roupa dos nossos filhos, e aqui está anotado o sexo. Precisamos de pijamas, para o verão e o inverno.

– Filhos? – perguntou a moça admirada.

– Sim, estamos adotando a família toda. São quatro crianças – respondeu Hugo feliz.

– Que beleza! Que sorte têm essas crianças ao receberem a oportunidade de um lar. Venham, vou mostrar o que temos para o verão, mas aconselho a não comprar nada para o inverno ainda. Eles podem crescer, e vocês correm o risco de as roupas não servirem mais quando chegar o frio.

– Nem pensamos nisso. Ainda bem que a encontramos, pois pretendemos comprar calçados também e toda coisa bonita que encontrarmos pela frente – falou Val sorrindo.

– Eu os aconselho a comprar apenas umas duas trocas para os dias mais frescos e um agasalho, é o suficiente. Ainda estamos em janeiro e até final de março, começo de abril, vocês verão a diferença de tamanho. Ainda mais agora que as crianças serão bem cuidadas e alimentadas.

SEMPRE HÁ TEMPO

A moça colocou algumas peças sobre o balcão enquanto trocavam ideias e escolhiam as pequenas roupas. Uma senhora que estava no caixa os olhava de forma estranha. Em certo momento, não suportou mais a ansiedade e se aproximou dos dois.

– Eu sou Carmem, a dona da loja.

– Prazer, dona Carmem – responderam os dois rapazes.

– Só quero entender uma coisa que está me incomodando muito: vocês vão adotar quatro crianças inocentes?

Marina, a moça que os atendia, tentou interromper a senhora, mas foi rechaçada de maneira brusca e humilhante:

– Cale-se! Você aqui é apenas uma empregada, nada mais que isso, entendeu?

Val fez um sinal para a moça e respondeu a pergunta:

– Exatamente, minha senhora, nós vamos adotar e criar com muito amor quatro crianças adoráveis. Aliás, já as amamos muito.

– E como irão educá-los? Passarão para eles a condição vergonhosa em que vocês vivem?

– O que a senhora considera tão vergonhoso em uma relação de amor, algo de que, parece-me, a senhora nem faz ideia do que seja?

– Dois homens, dois marmanjos afeminados, que deitam juntos, que corrompem as leis de Deus e envergonham a sociedade: isso é vergonhoso! E quem fará o papel de mãe, de mulher para essas crianças? Você? – falou a mulher, bastante alterada, apontando para Hugo.

O rapaz, já pálido e com dificuldades para respirar, deu um passo à frente e respondeu em um fio de voz, com lágrimas nos olhos.

– Você não nos conhece. Por que nos trata com tanta raiva e ódio?

A senhora gritava e gesticulava muito, atraindo a atenção de outras pessoas, que começaram a parar para olhar o que estava acontecendo.

– Estão vendo? Precisamos fazer algo a respeito desta vergonha. Temos de impedir que esses depravados se disseminem como ratos nojentos pela cidade! – gritava ela em direção à assistência boquiaberta.

Marina os tomou pelas mãos e os conduziu para fora da loja, no instante em que um segurança se aproximava para ver o que acontecia.

– Venham, vamos sair daqui. Ela não vale nada, não sabe o que fala!

– Se você sair com esses degenerados, não precisa voltar – gritou a mulher, a cada instante mais e mais desequilibrada.

Marina voltou para o interior da loja, pegou sua bolsa e falou olhando diretamente nos olhos de Carmem:

– Tem toda a razão. Não preciso nem quero voltar; mereço muito mais do que conviver com uma desequilibrada moral e preconceituosa. Deus a abençoe e ilumine essa mente doente.

A mulher tomou uma bengala nas mãos e ia bater em Marina, mas Val se adiantou, segurou sua mão com firmeza e tirou a bengala dela, entregando-a ao segurança, que já havia acionado outros companheiros.

– Senhor, peço que nos acompanhe à administração, e a senhora também – falou com polidez.

– Eu não vou fechar minha loja – respondeu a mulher de má vontade.

O segurança falou com alguém em seu comunicador, então ordenou:

– Temos algumas regras do shopping que devem ser seguidas, e a senhora vai nos acompanhar sim. Por favor, feche a loja – pediu a outro funcionário e continuou: – Por favor, acompanhem-nos.

Enquanto o caso acontecia, as pessoas comentavam entre si o ocorrido, algumas rejeitando o comportamento da mulher e outras, relutantes, dizendo até entender o que a fizera reagir daquela forma. Um senhor olhou para a assistência e falou bem alto, olhando cada rosto:

– "Aquele que dentre vós estiver sem pecado seja o primeiro a lhe atirar uma pedra".

SEMPRE HÁ TEMPO

As pessoas baixaram suas cabeças e foram se afastando em silêncio.

O senhor os acompanhou de perto e pediu licença a Val e Hugo para seguir com eles.

– Desculpem, eu vi tudo o que aconteceu. Sou advogado e gostaria de representá-los, sem custo algum, mas sim por convicção no respeito aos direitos de cada um.

– Eu o conheço e sei que ele é uma excelente e confiável pessoa e profissional; já me ajudou bastante – aconselhou a moça que os atendera na loja.

Os rapazes concordaram e entraram na administração do shopping.

A situação era bastante constrangedora. Infelizmente, Carmem não parava de ofender Val e Hugo, dizendo-lhes coisas muito ruins. Hugo foi se deprimindo; a palidez de seu rosto era assustadora, e sentia como se a vida se exaurisse do corpo. Aos poucos, a ausência de qualquer sensação foi como uma bênção para o momento; seu corpo resvalou para o chão, e ele desmaiou. Uma sombra densa se aproximou e o envolveu.

A mulher em desequilíbrio olhou para ele com ódio e falou, demonstrando euforia:

– Esse aí deve ter Aids; vai contaminar as crianças. Tomara que morra.

O administrador do shopping olhou firme para ela e falou entredentes:

– Dona Carmem, agora chega! A senhora já nos causou muitos problemas; vamos tomar medidas condizentes com este transtorno abusivo e absurdo. Por favor, tirem-na daqui e levem-na para outra sala; vamos cuidar do rapaz primeiro.

Val se adiantara assim que Hugo havia desmaiado, passando a examiná-lo. Logo uma equipe de paramédicos o ajudava.

– Ele está em choque. Preciso removê-lo para o hospital. Trabalhamos na Emergência do HC, somos médicos.

– O veículo de resgate está na portaria, vamos removê-lo já – respondeu o paramédico.

Eliane Macarini ditado por Maurício

Hugo estava perdido em um denso nevoeiro, sem conseguir enxergar nada. Sentia muito frio e o cheiro ali era horrível; também estava com bastante medo. Ouviu uma voz lúgubre em sua mente:

– Não falei? Você nunca será aceito, porque é uma aberração. Nunca vai fazer ninguém feliz. Na sua vida só vai haver desgraça e dor, e quem se aproximar sofrerá ódio e terror. Adote essas crianças, e elas morrerão à míngua. Vá, adote-as e as condene a um inferno de dor e lágrimas!

– Para, pai, para de me atormentar!

– Isso mesmo! Sou seu pai, e é bom que se lembre disso. Vou atormentá-lo pela eternidade!

O rapaz se debatia e tentava se livrar daquele mal que o cercava; fez um esforço enorme para se lembrar de algo ou alguém que pudesse ajudá-lo. Recordou-se então da casa espírita que sempre o acolhera e gritou desesperado por socorro.

Conseguimos, assim, aproximarmo-nos e o levamos conosco. Graças ao Pai e a seu amor, ele nos viu através de lágrimas de humilhação, medo e dor.

CAPÍTULO 7

Rejeição

Enquanto socorríamos Hugo, um querido irmão de nosso plano, que depois soubemos se chamar Odacir, pediu-nos licença e se aproximou do algoz. Com carinho, interpelou-o:

– Olhe para mim; por favor, não me ignore como tem feito por tanto tempo.

– O que você quer de mim? Não basta o que me fez no passado? Agora está indignado com o que faço? Foi dessa forma que você me arremessou no desespero e na dor; aprendi isso com você, portanto não me amole. Hoje sei o que quero e o que faço; me esforcei muito para chegar aqui.

– Para chegar aonde, Jorge? Você é apenas um escravo que cumpre ordens, sem escolhas nem compaixão, apenas obedecendo cegamente, causando dor e desequilíbrio a irmãos que nem mesmo conhece.

– É apenas uma troca. Eu me sujeito para receber o que preciso a fim de me vingar, só isso; não pense que sou escravo, sei muito bem o que faço e por que faço. Quero apenas alcançar meus objetivos.

– Estou aqui para receber a punição que acredita que eu mereço; estou a sua mercê, se isso o fizer mais feliz e livre em seu pensamento.

O infeliz irmão gargalhou como louco e olhou para ele com ferocidade, dizendo:

– Para que fazê-lo meu prisioneiro? Para que pense ser um benfeitor da humanidade? Não, meu caro irmão, não é isso que quero. Desejo vê-lo sofrer terrivelmente; você me verá levar a dor e a loucura àqueles que procura libertar de meu jugo e saberá que o faço por sua causa. Você é o verdadeiro carrasco de todos eles.

– Não pense que isso vá me desequilibrar. Estou seguro das consequências de meus atos e os resgato por meio do trabalho de auxílio aos necessitados. Se o faz para me punir, está equivocado em suas intenções. Sua revolta e sua dor me causam desconforto apenas porque o amo, e meu desejo é ajudá-lo a ser feliz.

SEMPRE HÁ TEMPO

– Então procurarei mais trabalho junto ao mal e o farei sofrer mais e mais.

Ele se afastou caminhando vagarosamente. Deu uma olhada para trás e sorriu com malícia.

Ao anoitecer, o querido irmão de nosso plano veio nos visitar na casa espírita que nos acolhe no planeta.

– Boa noite, amigos!

– Boa noite! Podemos ajudá-lo? – perguntei a ele.

– Meu nome é Odacir. Estou aqui para pedir que me permitam trabalhar com vocês neste caso de atendimento fraterno.

– Percebi que o irmão tem firme propósito em auxiliar o espírito que identificamos junto a Hugo.

– Há aproximadamente dois séculos ele transita entre a lucidez e a loucura. Há um tempo encontrou essa falange da qual faz parte, tendo sido instruído na arte da hipnose e da obsessão. Seu objetivo é me punir; vivemos uma experiência bastante tumultuada como irmãos de sangue...

Éramos de uma família de camponeses, a serviço de um senhor de engenho bondoso, que nos acolhia com dignidade e honradez. Éramos trabalhadores honestos, mas ele destoava no ambiente de união e paz, sempre em busca de aventuras e satisfação de sua ambição desmedida.

Na casa-grande vivia a família de nosso patrão, e entre eles uma linda moça, bastante jovem e ingênua. Eu me apaixonei por ela, mas mantive distância; sabia não ter direito a esperanças, pois vivíamos em mundos muito diferentes, mas meu irmão não tinha noção dos limites morais que devemos nos impor a fim de respeitar as leis divinas.

Ele passou a assediar a moça. Era muito bonito e galante, e, sempre quando ela ia cavalgar, ele encontrava uma maneira de cruzar seu caminho. Percebi suas manobras e fui conversar com ele. Meu irmão me falou que sabia de meu amor pela jovem, mas que eu era um covarde, então seria ele a envolvê-la e conquistá-la. Tentei argumentar, porém ele ria de mim.

Fiquei muito triste com aquela situação. Um dia, eu os vi conversando, e ela sorria encantada com algo que ele falava. Então meu irmão passou a mão por seu rosto e beijou-lhe a testa. Entrei em pânico; sabia como ele era, que tinha até mesmo uma amante na vila mais próxima, uma moça simples que o amava e esperava um filho dele, sofrendo todo tipo de maus-tratos do povo ainda tão ignorante.

Pensei muito sobre o que fazer. Falei com meus pais, e eles me pediram que me afastasse dessa história. Meu pai me garantiu que tomaria as providências necessárias para que meu irmão não permanecesse na fazenda.

No dia seguinte, vi meu pai entrando na casa-grande, e o patrão o acompanhando para dentro. Depois de mais de uma hora, vi meu pai saindo, e o senhor apertou suas mãos e agradeceu-lhe por alguma coisa. Sabia que ele havia contado a história de meu irmão e suas intenções. Angustiado, pressenti que algo terrível aconteceria; ele não aceitaria a interferência de ninguém, e eu temia pela jovem mulher a quem amava. Passei a cuidar dela a distância.

Dois dias depois cheguei à casa, após um dia exaustivo de trabalho no campo, e ouvi gritos e choros. Entrei correndo e, estarrecido, vi meu pai estirado no chão com uma faca cravada no peito e meu irmão, com as mãos ensanguentadas, cego de ódio. Atirei-me sobre ele e o espanquei; só parei pelas súplicas de minha mãe.

Ele aproveitou meu momento de distração, me empurrou e fugiu. Meu pai agonizou por vários dias. O patrão solícito mandou chamar o médico da cidade, mas não havia muito a fazer. Nesse tempo, Olímpia, a moça a quem amava, ajudou-nos muito. Todo dia vinha à minha casa, trocava os curativos do ferimento de meu pai, ficava a seu lado orando. Aos poucos começamos a conversar. Ela era muito mais do que eu podia

SEMPRE HÁ TEMPO

imaginar, um coração puro como o de um anjo, transbordando amor e serenidade. Eu a amava mais a cada dia; mal podia esperar pelo momento em que a via se encaminhar para minha casa. Ficava ali na janela, esperando por ela.

Mas éramos de mundos diferentes. O que eu poderia oferecer a ela? Era pobre, apenas um rapaz trabalhador e honesto, mas sem instrução alguma, sem perspectivas para o futuro.

Meu pai faleceu, e o enterramos ao pé de sua árvore preferida: uma linda mangueira, sobre cujas raízes ele se sentava, enrolando seu cigarrinho de palha ao anoitecer, olhando ao longe como à procura de algo maior.

Eu, minha mãe e minhas irmãs ficamos muito tristes; não sabíamos se seríamos mantidos como empregados da fazenda. Estava muito inseguro e com medo, e além do mais pensava que poderia nunca mais ver meu amor.

Após a missa de sétimo dia, o patrão mandou me chamar. Eu me dirigi à casa-grande com o coração aos saltos, não sabia qual seria o meu futuro.

Entrei na casa, conduzido por uma senhora que trabalhava por lá desde que eu nascera. Ela sorriu para mim e me abraçou com carinho, falando no meu ouvido:

– O senhor Jesus sempre escuta os corações que amam.

Sorri e entendi que ela sabia de meu amor respeitoso por Olímpia.

Entrei no escritório e lá estavam o patrão, sua esposa e ela, a minha flor da alegria.

– Entre, meu filho, e sente-se aqui conosco.

Muito tímido, obedeci; não conseguia nem mesmo erguer os olhos. Minhas mãos tremiam e precisei fazer um esforço enorme para conter as lágrimas.

– Não fique nervoso; preciso apenas de um esclarecimento e que me responda a uma pergunta.

– Estou a seu dispor, patrão.

– Por esses dias tristes em que seu pai agonizou, minha filha Olímpia esteve com vocês, ajudando e conhecendo de perto sua família. Ela os admira muito e confidenciou a mim e a minha esposa que desenvolveu um forte sentimento de amor por você.

Estarrecido pela notícia inesperada, olhei para ela, e ela me sorriu com carinho, aproximando-se e segurando minha mão nas suas.

– Disse também que tem certeza de que você nunca a abordaria com esse assunto, mas acredita que também a ame. Então resolvemos perguntar a você se sentiria felicidade em esposá-la.

Eu não sabia sequer o que falar. As lágrimas escorriam livres por meu rosto; nunca imaginei sentir tamanha felicidade. Alguns meses depois, nos casamos. Nada parecia estragar essa felicidade.

Certo dia, fui à grande cidade com meu sogro comprar algumas ferramentas e sementes para o plantio, e encontrei meu irmão jogado na rua, bêbado e enraivecido. Olhei para ele e me aproximei apiedado, mas ele levantou os olhos, fitou-nos com ódio e falou de forma horripilante:

– Vou me levantar daqui só para me vingar de vocês.

Depois daquele dia não tive mais sossego; sabia que ele viria. Não dormia, não comia direito e não conseguia mais trabalhar. Estava obcecado pela ideia de vingança daquele monstro; temia por minha família e acordava apavorado, com pesadelos horríveis.

Olímpia engravidou, nosso filho nasceu, e eu melhorei um pouco, envolvido pela felicidade de ser pai. Um dia, Benedita, uma antiga escrava já bastante idosa, me chamou:

– Vem cá, meu filho, você precisa ser benzido. Tem muitos espíritos ruins rondando você; eles são comandados por vosso irmão. Venha à noite no terreiro de café. Vamos rezar a Nosso Senhor Jesus Cristo para proteger vosmecê e sua família.

Contei a Olímpia o que Benedita havia dito, e ela disse que acreditava nas preces da anciã; então, à noite, fui até o local indicado. Vários trabalhadores da fazenda estavam ali, cantando e dançando.

Fechei os olhos e senti como se deixasse a vida. Estava sentado em uma pedra perto da fogueira, mas também estava

SEMPRE HÁ TEMPO

de pé conversando com uma pessoa diferente. Ela irradiava paz e amor, e falou-me sobre a vida, o perdão, a dor da perda, pedindo que lembrasse que a vida nunca terminava e que sempre nos reencontramos com nossos amores.

Senti certa urgência de voltar à casa. Parecia que cairia daquela pedra; senti certa vertigem, mas passou logo. Quando avistei a porta da casa, vi uma sombra correndo pela noite escura. Apavorado, entrei em casa, mas estava tudo bem. Nada diferente, a casa em silêncio. Respirei fundo e fui de quarto em quarto; estavam todos bem. Abri a porta do quarto de meu filho, mas ele não estava no berço; pensei que Olímpia o levara para nosso quarto. Ela dormia, porém a criança não estava lá.

Desesperado, acordei todos; ninguém sabia de nada. Meu irmão o havia roubado. Passamos aquela vida toda procurando por ele, mas não o achamos.

Vinte anos se passaram, e um mercador veio a nossa casa e nos contou que um homem, um marginal, havia contado a ele sua história – nossa história –, vangloriando-se de uma vingança bem-sucedida. Ele ria, dizendo que transformara um herdeiro de engenho em bandido. Fiquei intrigado com essa história; parecia ser verdadeira, apesar de contada por um alcoólatra, então o incentivei e depois o afrontei dizendo ser mentira, até que ele me contou o nome desse herdeiro.

Apesar da dor, de nunca haver esquecido nossa criança raptada, tocamos a vida; Olímpia, em sua bondade e crença em Deus, acreditava que ainda o veríamos. Tivemos mais três lindos filhos.

De posse das informações obtidas pelo mercador, convidei mais três trabalhadores da fazenda para me acompanhar. Contei a eles o que sabia, e nos dirigimos à cidade grande; conversamos com o delegado, e ele nos levou a um lugar sujo e mal frequentado.

Meu irmão e meu filho costumavam ir a bares malfalados, e foi com certo receio que entrei em um deles. Logo os vi sentados a uma mesa, bebendo e rindo alto, vangloriando-se de um roubo que haviam praticado. Aproximei-me dos dois e parei ao lado do monstro que nos trouxera tanto sofrimento. Ele olhou para mim e riu alto:

– Você demorou muito, fiz dele o que quis. Vai levar um lixo para casa.

Levantou-se e estava prestes a sair do bar, mas foi interpelado pelos policiais e levado preso. Ele gritava e ameaçava matar todos nós.

Meu filho tentava acompanhar aquele que acreditava ser seu pai, então segurei seus ombros e falei com firmeza:

– Agora chega e escute: ele não é seu pai; ele o roubou de nós quando tinha pouco mais de um ano. Eu sou seu pai.

Ele olhou espantado para meu rosto e pediu que explicasse essa história. Sentei-me à mesa com meu filho Afonso e contei a ele tudo o que havia ocorrido.

– Como posso saber se isso é verdade?

Mostrei a ele a certidão de nascimento, falei de seus avós, tias e tios, de seus primos, e por fim falei de sua mãe e dos irmãos que o esperavam em casa. Ele falou sem demonstrar nenhuma emoção:

– Não sou como vocês! Sempre vivi pelo mundo, tomando o que queria.

– Peço apenas que nos conheça. Se não conseguir se adaptar a nós, dou-lhe sua parte da herança e a liberdade de ir embora.

– O senhor faria isso?

– Faria sim, meu filho. Queremos apenas que se sinta livre e amado.

Afonso nos acompanhou. Depois de um tempo, pediu sua parte na herança e foi embora. Sentimos muito sua falta. Olímpia chorava bastante sua ausência, mas um dia ele voltou, sem um centavo no bolso, embora com o rosto sereno. Então explicou:

– Pedi o dinheiro para um propósito, mas não sabia se conseguiria cumprir o que me propus fazer; por isso fui embora sem falar nada. Hoje sei que errei mais uma vez, pois

SEMPRE HÁ TEMPO

provoquei sofrimento, o mesmo pelo qual passei. Porém, consegui realizar algo bom: devolvi cada centavo que roubei; estou sem nada, mas estou livre de meu passado. Visitei meu tio na cadeia; ele enlouqueceu, e eu o perdoei. Vou esquecer esses anos de sofrimento. Espero que me aceitem de volta.

Depois disso, viveu conosco até seu último suspiro. Casou-se com uma boa moça e nos deu netos lindos e saudáveis.

Foi uma vida feliz, mas sempre senti a presença de meu irmão a assombrar nossa felicidade. No dia de seu desencarne, soube que ele partia desse mundo. Ele veio em meus sonhos e ameaçou minha família de perseguição e vingança. E, sempre que havia alguma desavença, lá estava ele nos assombrando; minha esposa o via, conversava com ele, mas ele rejeitava nossos bons propósitos, parecendo se irritar ainda mais com isso. Espero conseguir auxiliar, para que ele se livre dessa dor e possa, realmente, sentir-se livre e feliz...

– Seja bem-vindo, meu amigo. Ainda o veremos se libertar desse jugo mental. – Falei emocionado pelo relato ouvido.

CAPÍTULO 8

Tempos novos

Hugo foi encaminhado a uma sala de atendimento fraterno na Casa Espírita Caminheiros de Jesus, seu corpo vencido pelo cansaço e pela dor. Sucumbia a uma crise nervosa, e ele, em um ato inconsciente de autoproteção, provocara o desdobramento de seu perispírito.

– Venha conosco, Hugo! – falei com serenidade.

– Para onde me leva?

– Para a casa espírita que frequenta. Vamos conversar um pouco, procurar serenar seus pensamentos e fortalecer seus propósitos para esta encarnação.

O rapaz foi acomodado em uma confortável poltrona. Fechou os olhos, enquanto lágrimas escorriam por seus olhos.

Inácio, que ainda nos acompanhava nos atendimentos psicológicos, enquanto esperava a deliberação para sua próxima ida ao planeta como encarnado, aproximou-se do rapaz e falou com carinho:

– Como você está, meu amigo?

– Bastante triste, fragilizado e também com muita raiva.

– Você fez um planejamento encarnatório, sabe disso?

– Sei sim. Mas não me lembro de muita coisa.

– O esquecimento do passado dá oportunidade ao espírito para escrever uma nova história.

– Sei disso, mas está muito difícil. Desde a infância sofro com preconceitos, até mesmo de meu pai, que me persegue ainda que após sua morte.

– Não lembramos item por item de nossa proposta reencarnacionista, mas podemos chegar a determinadas conclusões por meio de situações que vivenciamos.

– A lei de causa e efeito, não é?

– Sempre. Mas nem todas as vezes ligada a atos passados. Há uma primeira vez para tudo, não é assim?

– O que você quer dizer com isso?

– Solicitamos viver algumas experiências como aprendizado ao espírito ainda embrutecido pela ignorância, e nesse novo caminho somos aprendizes de primeira viagem, portanto as situações que enfrentamos também são novas. Precisamos

SEMPRE HÁ TEMPO

nos posicionar de acordo com aquilo que consideramos importante, correto e verdadeiro.

– Mas existe muita maldade no mundo, e o preconceito corrompe minha boa vontade.

–´Se sabe disso, está aí algo que precisa trabalhar em seu íntimo, afinal, nossas limitações e fragilidades são o alerta para o qual devemos voltar nossa atenção.

– Ester quer que eu faça terapia e acompanhamento psiquiátrico.

– Menina sábia, não é? Afinal, como espíritos encarnados, também devemos cuidar da movimentação da matéria, e, se esse corpo tiver um cérebro saudável como manifestação de nossa mente, tudo acaba se ajeitando. E você, o que pensa sobre isso?

– Não havia pensado dessa forma como você falou; acho que devo fazer isso.

– Somado ao atendimento espiritual, você estará mais seguro do que precisa ser feito, para que se fortaleça e não sucumba com tanta facilidade ao assédio dos ignorantes.

– Meu pai!

– E importa quem seja? Se souber exatamente o que precisa fazer, os coitados perdidos da luz estarão sob a guarda de alguém que será exemplo de retidão e paz.

– Não sou perfeito!

– Nem eu, meu amigo, nem eu! Porém, posso ser melhor a cada dia e, no processo evolutivo, passar a exemplificar a boa conduta mental, que irradia uma vibração muito melhor, para tocar os que estiverem a minha volta. Ao mesmo tempo, posso sempre aprender com aqueles a minha frente, auxiliando os que se mantiverem em minha retaguarda.

– Eu sou homossexual!

– Eu sei, e você sabe o que quer dizer isso e por que escolheu viver essa experiência.

Hugo se calou, fechou os olhos e falou:

– Vagamente, algumas coisas vêm a minha mente, mas parecem tão fantasiosas, tão sem nexo.

– Sua dignidade está abalada por se manifestar como homossexual?

– Não, mas estou infeliz. Nunca me senti assim antes; não consigo explicar o que está acontecendo comigo.

– A adoção, lembra-se disso?

– Com certeza. Ela não sai do meu pensamento. Sinto muito medo de não ser capaz, de novo, de cuidar nem de proteger essas crianças.

– O medo, a insegurança são uma porta larga à obsessão; são o início da auto-obsessão. Lembre-se de que serão trazidas ao seu convívio crianças carentes de amor e respeito, criadas num lar em desequilíbrio, rodeadas por espíritos inferiores. Quando se propuseram a recolhê-las como seus filhos, aceitaram o aspecto espiritual desses pequenos e também de seus companheiros em desequilíbrio. E muitos não aceitam o fato, pois eles crescerão com mais equilíbrio e amor, portanto, não mais serão presas fáceis de serem manipuladas para o sofrimento.

Hugo olhou para nós com os olhos arregalados e perguntou aflito:

– Sou um dos que lhes fizeram mal no passado? Isso é um resgate?

– E isso importa mesmo? Saber do passado será um divisor de águas, tornará essa relação mais saudável? Antes de tudo, o que você e Val estão fazendo é um ato de amor. Isso importa!

– Meu pai, Otávio!

– O que tem seu pai Otávio?

– Ele me persegue.

– A mim parece que você pensa mais nele do que ele em você. Você está com ideias fixas, obsessivas a esse respeito. Precisa trabalhar os sentimentos que ficaram gravados em sua mente, sentimentos derivados de situações traumáticas.

– Meu pai não me persegue?

– Concentre seu pensamento nele, sem ideias preconcebidas; apenas pense nele, sinta o que vem a sua mente e chegue à própria conclusão.

SEMPRE HÁ TEMPO

Hugo fechou os olhos, a face contraída em um rictus doloroso. Nós o auxiliamos a entrar em contato com Otávio, e o pai, sentindo a presença mental do filho, apenas murmurou emocionado:

– Perdoe-me, meu filho, estou orgulhoso de você.

O rapaz, também emocionado, permitiu que lágrimas de alívio escorressem por seu rosto. Abrindo os olhos, falou:

– Obrigado por isso. Eu o perdoo e vou exercitar esse perdão para reconstruir uma relação que foi tão doentia. Obrigado!

– Agora é hora de voltar, meu rapaz. Val está muito preocupado.

– Estou dando muito trabalho a ele, muitas preocupações desnecessárias, principalmente neste momento em que resolvemos acolher as quatro crianças.

– Ele o ama, lembre-se disso. Apoie-se nele, pois Val será a base firme e amorosa de sua família. Você será o amor, o carinho, a delicadeza de sentimentos de que todos precisarão nesta caminhada. Agora vá; estaremos por aqui quando você precisar. Basta pedir e será auxiliado, mas faça sua parte acima de tudo.

Hugo voltou ao corpo material, abrindo os olhos devagar. Parecia ter sido revigorado em um mundo melhor. Sentindo segurança e paz, lembrava-se de algumas coisas que haviam acontecido durante sua estada junto à nossa equipe socorrista.

Olhou para o rosto de Val e sorriu; ele também o amava. Um dia talvez entendesse as escolhas que tinham feito, porém agora sentia-se bem com elas; não estava mais perturbado.

Lembrou-se da senhora que os havia maltratado no shopping e pensou que ela deveria estar muito infeliz. Pediria que não a punissem, afinal, o mal afrontado com mal só traria mais dor.

Val segurou a mão de Hugo com carinho e perguntou preocupado:

– Você está bem?

– Estou sim. Agora estou, Val!

– Ótimo. Mas mesmo assim pedi alguns exames; há tempos não fazemos *check-up*.

Hugo sorriu e concordou com as medidas tomadas pelo parceiro, pois ele mesmo havia provocado aquela situação.

O celular de Val tocou. Ele atendeu, falou por alguns instantes e voltou à sala da emergência.

– Adivinha!

– O quê? Deve ser algo muito bom; seus olhos estão brilhando.

– Conseguimos a guarda das quatro crianças.

Eles se abraçaram felizes. Alguns amigos que haviam descido à Emergência para saber notícias de Hugo juntaram-se a eles em um abraço de alegria.

Ao anoitecer, as famílias e os amigos dos rapazes se reuniram na casa deles com a intenção de comemorar a boa notícia.

Ester estava entrando na casa dos amigos quando um vizinho a interpelou:

– Aniversário de alguém, Ester?

– Não, senhor Esteves. É que Val e Hugo conseguiram a guarda de quatro crianças. Na próxima semana já deverão estar por aqui.

– Quatro crianças? Que coisa doida!

– Doida e linda, não é? Estamos muito felizes. Nossas famílias os ajudarão nessa tarefa. E eu serei madrinha; quero ter uma convivência ativa com eles.

– Você não precisa disso. Está grávida, vai ter seu próprio filho. Você tem uma vida normal, mas eles...

Ester olhou para o senhor e percebeu que ele tinha uma expressão de deboche estampada no rosto.

– Eles o que, senhor Esteves?

– São...

– Acho melhor não falar sobre o que não sabe, não é mesmo? E tenha uma boa noite!

Ester sentiu intenso mal-estar, pressentindo que algo ruim estava por acontecer. Fechou os olhos e orou pedindo proteção. Ao olhar para trás, notou que o homem ainda estava

SEMPRE HÁ TEMPO

ali, observando a casa de seus amigos. Entrou e se forçou a esquecer o que acabara de acontecer. Era uma noite de alegria e que merecia ser festejada.

O senhor Esteves permaneceu mais algum tempo por ali, a maldade envolvendo-o em forma de pensamentos sombrios. Então, resolveu:

— Vou exigir uma reunião de condomínio. Não podemos ter aqui esses monstros adotando crianças indefesas; são aberrações. Quem sabe não são pedófilos? Precisamos expulsá-los daqui, pois este é um lugar para famílias, para criar crianças puras, e não bastardos adotados por degenerados.

Tentamos chegar perto desse senhor, mas ele nos rejeitou a aproximação. Saiu andando devagar, e a seu lado vários espíritos em desequilíbrio alimentavam os pensamentos tenebrosos.

Jorge se aproximou do homem, olhando-nos com desfaçatez, e se juntou ao cortejo. Logo estava ao lado do senhor Esteves. Colocando a mão em seu ombro, passou a falar em seu ouvido. Depois, voltou-se para a turba que o seguia e declarou com firmeza:

— Agora estão sob minhas ordens.

Os outros baixaram a cabeça e passaram a seguir o carrasco.

CAPÍTULO 9

Um novo dia

Ester acordou bastante cedo. Precisava fazer muitas coisas naquele dia e tinha combinado com Val de dar carona ao amigo. Hugo tomaria algumas providências ainda necessárias para a chegada das crianças.

A moça tomou seu desjejum e saiu para a calçada. Sua casa era vizinha à dos amigos. Atravessando o jardim, parou estarrecida diante do imóvel todo pichado com palavras ofensivas, de baixo calão. Lágrimas escorriam por seu rosto delicado, enquanto pensava aturdida: "Quem faria algo assim? Eles são pessoas tão boas e gentis!"

Olhou para o outro lado da rua e lá estava o senhor Esteves. Ele sorriu e entrou em sua casa. Ester então atravessou a rua, tocou a campainha, e a esposa do senhor atendeu à porta.

– Bom dia, menina. Que barriga linda!

– Obrigada, dona Iracema.

– Posso ajudá-la em algo?

– Venha comigo, olhe isto!

– Jesus amado. Quem foi o monstro que fez isso?

– Não tenho certeza, mas acho que foi seu marido. Ontem contei a ele sobre a adoção que Val e Hugo fizeram; são quatro crianças, irmãos. Ele reagiu mal e fez comentários bastante depreciativos.

– Meu marido é um militar aposentado, criado em um mundo machista. É muito preconceituoso, mas acredito que ele não faria isso de modo algum. Vou falar com ele e, se fez isso, vai se desculpar e reparar os estragos.

– Eu agradeço à senhora, dona Iracema. E me desculpe, pois agi por impulso vindo aqui. Agora, pensando bem, também acredito que seu marido não faria algo assim.

– Não se preocupe. Vou falar com algumas pessoas do condomínio que gostam muito desses rapazes e ficarão felizes com a bondade deles em adotar essa família. Vamos reparar esse dano físico; só espero que emocionalmente eles consigam ficar só com o que de fato importa neste momento. Quanto a Esteves, ele precisa reparar os comentários maldosos que fez; a palavra mal utilizada é uma arma poderosa e, se ele

SEMPRE HÁ TEMPO

saiu por aí ontem fazendo esses comentários maldosos, também instigou aqueles que compartilham da mesma opinião, mas ainda não conseguem limitar sua ação no mal.

– Obrigada de novo. Agora preciso ir, vou chamar Guto para me ajudar a contar aos dois sobre isso.

Logo eles entravam na casa dos amigos, falando sobre o ocorrido. Os rapazes ficaram muito chateados, mas Val, em sua doce firmeza, ainda meio constrangido, disse:

– Não importa! Mando um pintor vir ainda hoje cedo reparar o estrago. Ester, nos dê apenas mais uns vinte minutos; vou me aprontar para irmos.

– Não se preocupe, ainda está cedo.

– Venham comer alguma coisa – convidou Hugo.

– Obrigado, Hugo, mas já tomamos o café da manhã – respondeu Guto.

– Fale por você; ultimamente, não recuso comida de jeito nenhum – respondeu Ester rindo.

Val se trocou e saiu para a rua. Parou, admirado, vendo várias pessoas chegavam à frente de sua casa munidas de esponjas, baldes e tinta. Um rapaz, acompanhado da esposa, aproximou-se e abraçou os vizinhos, falando com um sorriso:

– Não se preocupem com nada. Trocamos nossa caminhada pela limpeza destas paredes. Podem ir para o trabalho que, ao voltar, não verão mais essa sujeira.

Hugo escutou o vozerio e saiu também. Quando se deu conta do que estava acontecendo, juntou-se ao grupo e prometeu café da manhã para todos.

Animados com o desenrolar da história, juntamo-nos a eles com boas vibrações e aproveitamos o momento para socorrer alguns irmãos perdidos por ali.

Apesar do triste acontecimento da manhã, Hugo conseguiu manter um bom padrão vibratório; estava empolgado com a chegada das crianças.

Foi a uma loja de móveis e comprou camas e um berço, além de cômodas coloridas e outras coisas necessárias, afinal, ele e Val tinham montado o quarto apenas para Manuel, mas agora seriam mais três filhos a serem acomodados.

Depois foi a uma loja de roupas infantis munido de uma lista que Ester tinha feito para eles. Ainda ressentido pelo acontecimento do dia anterior, timidamente, pediu ajuda a uma vendedora simpática, sendo tratado por todos com carinho e admiração. Encheu o porta-malas de sacolas.

Voltou à casa feliz. Na alegria de comprar o que seria necessário aos pequenos, havia se esquecido dos últimos acontecimentos. Parou o carro e sorriu. A parede estava limpa. Quando saíra tinham-na apenas lavado, e continuava muito marcada. Agora, porém, estava pintada.

Dona Iracema atravessou a rua, abraçou o rapaz e convidou-o para o almoço. Hugo, sem graça, falou:

— Dona Iracema, a senhora é um amor de pessoa, mas estou sabendo da conversa do senhor Esteves e de Ester... Não seria melhor dar um tempo? Ele pode ficar irritado, e eu, com certeza, ficarei muito constrangido.

— Não se preocupe. Falei com meu marido, e não foi ele quem fez essa barbaridade. Porém, andou conversando com alguns vizinhos e os instigou para uma reunião de repúdio a vocês. Mas ele não é ruim, apenas muito impulsivo. Não pensa nas consequências de seus atos. Exigi dele uma reparação, e começaremos por esse almoço. Ele está arrependido, viu o que a atitude impensada que tomou pode causar e vai pedir desculpas.

— Está bem. Vou descarregar o carro e depois sigo para sua casa, combinado?

Hugo abriu o porta-malas, e a senhora, admirada com a quantidade de sacolas, falou:

— Senhor Deus, quanta coisa! São para as crianças?

— São sim. São quatro, e não têm nada. Comprei apenas os itens que Ester anotou em uma lista interminável — respondeu Hugo rindo.

— Vamos, eu ajudo você a levar essas coisas para dentro.

Nisso o senhor Esteves saiu à porta de sua casa.

SEMPRE HÁ TEMPO

— Venha, homem de Deus, nos ajudar. Ele comprou uma loja inteira para as crianças.

O homem atravessou a rua meio ressabiado, mas Hugo o recebeu com um abraço e apontou o porta-malas. O senhor Esteves falou, ainda meio sem jeito:

— Se me permitir, vou fazer um escorregador no seu quintal.

— Nossa, que maravilha! Aceitaremos com muita alegria.

Descarregaram os pacotes e foram almoçar, conversando animados e fazendo planos para a chegada das crianças.

Ester estava trabalhando, mas sentia certo desconforto físico. Uma leve cólica no baixo-ventre a incomodava, e as costas estavam doloridas. Quando a paciente que atendia saiu do consultório, pediu à secretária que esperasse um pouco antes de encaminhar a próxima. Tomou o celular nas mãos e fez uma ligação para o obstetra.

— Oi, Evandro! Tudo bem?

— Tudo, Ester, e você?

— Sei lá. Estou com um pouco de cólica; não sei nem se é cólica, parece mais uma dor contínua, e um leve desconforto nas costas.

— Desde quando está sentindo isso?

— Desde a madrugada, mas pensei que fosse apenas pela postura em que estava dormindo. Aliás, algo que anda difícil com esse tamanho de barriga — falou Ester rindo.

— Estou indo para o consultório; espero você lá daqui a meia hora.

— Preciso desmarcar alguns pacientes; me dê uma hora, está bem?

— Está bem, mas não atrase mais do que isso.

Ester ficou pensativa por alguns instantes. Passou carinhosamente a mão pela barriga e falou baixinho:

Eliane Macarini ditado por Maurício

– Meu amor, aguenta mais um pouco. Não falta muito!

Olhou para o aparelho celular, ligou para o marido e avisou sobre sua ida ao obstetra. Imediatamente, ele se comprometeu em encontrá-la no consultório na hora marcada.

Ester conversou com o paciente que a esperava e explicou o que estava acontecendo. Prevendo que em breve não poderia mais atender, encaminhou-o a uma colega de profissão, que passaria a acompanhá-lo. A secretária entregou a ela algumas cartas já impressas, nas quais tomava a mesma atitude em relação a outros atendidos.

Solicitou um táxi, pois achou melhor não dirigir; as dores estavam mais fortes. Entrou no veículo e ligou para Hugo, e este se comprometeu em ficar atento ao celular, pois estava de folga.

Ester chegou ao consultório e Guto já estava lá, acompanhado de Val; ambos abraçaram-na com carinho. A moça estava pálida e suava frio. O médico já a aguardava e a examinou imediatamente.

– Ester ainda não apresenta dilatação nem contrações; as dores que sente, provavelmente, podem ser de constipação ou acúmulo de gases, o que provoca muitas dores fortes.

– Já tive isso durante a gravidez e não é igual. Desta vez é uma dor muito intensa e está provocando um intenso mal-estar.

– De qualquer maneira, vou encaminhá-la ao hospital e pedir a um colega que faça alguns exames. Qualquer eventualidade, vou para lá de imediato. Estamos a apenas dez minutos de distância, está bem?

– Evandro, eu posso examiná-la? – perguntou Val.

– Pode sim, Val – respondeu o outro.

Val a examinou com bastante atenção e por fim chamou Evandro e falou:

– A dor abdominal está localizada no mesogástrio; mesmo quando pressiono o lado esquerdo, é o direito que responde com dor. Ester, você tem tido náuseas e vômitos?

– Ontem à noite vomitei duas vezes. Estou um pouco nauseada há dias, mas, como isso é natural em uma gravidez, não dei muita atenção.

– 80 –

SEMPRE HÁ TEMPO

– Você teve febre?

– Não! Febre não tive, mas tive três episódios de dores fortes, como se fossem câimbras, que irradiavam para a perna direita.

– Talvez você esteja com o apêndice inflamado. No hospital vamos pedir exames de sangue para ver a contagem de leucócitos e um ultrassom, assim já vemos o bebê e seu apêndice, está bem?

– Vou pedir um veículo de resgate – avisou o doutor Evandro.

– É mesmo necessário? O hospital é aqui ao lado – falou Ester.

– É perto, mas não quero que se levante mais, está bem? – afirmou Val.

Ester foi internada e fez os exames pedidos; em poucas horas, foi diagnosticada com apendicite aguda.

– Guto, ela está com apendicite aguda. O exame de leucocitose mostra que está no limite para entrar em um quadro de apendicite gangrenosa, e, dos pontos específicos de avaliação clínica, que são nove, ela apresenta oito.

– Quais são esses pontos, Val?

– Dor migratória para a fossa ilíaca direita, que corresponde a um ponto; anorexia, mais um ponto; náuseas e vômitos, um ponto; dor com endurecimento na fossa ilíaca direita, são dois pontos; descompressão brusca positiva na fossa ilíaca direita, um ponto; leucocitose, são dois pontos; e, por fim, a febre, um ponto. Esse é o único ponto que ela não apresenta. E o ultrassom mostra inchaço próximo à gangrena; o grau de gravidade é dois, mas está evoluindo com rapidez. Eu e outros médicos nos reunimos e acreditamos que a melhor solução é a retirada do apêndice.

– Nossa! E o bebê, como fica nessa história?

– Ela está de trinta e sete semanas, então não haverá problema em fazer a cesárea.

– Ela?

– Desculpe, Guto, sei que vocês queriam surpresa, mas acabei vendo o sexo e agora falei sem pensar.

– Uma menina! Ester vai se apaixonar, aliás, ela se apaixonaria de qualquer forma – falou Guto sorrindo.

– Vamos monitorar por algumas horas e aplicar corticoides para ajudar a bebê.

– Tem algum problema por ela nascer algumas semanas antes do tempo?

– Não. Trinta e sete semanas é um bom tempo de gestação; apenas o faremos para garantir o funcionamento perfeito dos pulmões, assim podemos acelerar a produção de uma substância que ajuda na maturação pulmonar do feto prematuro.

– Confio em vocês. Já falaram com Ester? Posso ficar com ela?

– Já falamos sim. Ela está bem tranquila, e Hugo está lá parecendo o pai do bebê. Vá lá ficar com eles! Tenho que voltar ao plantão, mas fique sossegado que o cirurgião é um excelente profissional, bem capacitado, e Evandro e Hugo estarão na sala de cirurgia. Assim que nossa florzinha nascer, ela sofrerá a apendicectomia.

Cinco horas depois, Leonora veio ao mundo, saudável e chorona. Ester a segurou em seus braços e agradeceu a Deus a bênção de estar com ela e poder conhecer aquele rosto rosado e perfeito. Logo em seguida, foi sedada, e a cirurgia foi feita com sucesso.

Hugo, Val e Guto se reuniram na sala de espera, e o pai de Leonora fez uma prece de agradecimentos pelas bênçãos recebidas. As duas mulheres que amava com todo o seu coração estavam bem.

CAPÍTULO 10

Tempo de paz

Hugo estava bem. Apesar de ainda alimentar alguns pensamentos negativos, conseguia reconhecê-los com certa facilidade e reorganizar suas prioridades, dessa forma mantendo um padrão vibratório melhor.

Seus oponentes espirituais estavam cada vez mais ansiosos e raivosos, sem conseguir entender como o rapaz mantinha certo equilíbrio emocional, a ponto de deixá-los afastados de seu campo vibratório; então, passaram a uma movimentação mais agressiva.

O adversário, inconformado, procurou ajuda junto a tenebroso grupo dos abismos de dor, fazendo terrível acordo, no qual se comprometia com o mal de forma consciente e odiosa. Ele se aliava à dor para provocar mais dor.

Para auxiliá-lo em seus propósitos foi designado um grupo de espíritos treinados na arte da hipnose; sabiam como direcionar energias maléficas com maestria, porém precisavam de um tempo, o necessário para conhecer o passado, o presente e os anseios de seus alvos. Isso deu a nossos amigos e a nós um precioso período para que pudéssemos trabalhar no campo vibratório de cada um e do grupo como um todo.

Por fim chegou o dia em que Val e Hugo iriam buscar as crianças no orfanato; estavam ansiosos e felizes.

A família se prontificou a ajudá-los no que fosse necessário, mas aquele primeiro dia, o primeiro contato entre os pais adotivos e as crianças, seria apenas deles.

Os rapazes estacionaram o veículo, agora uma perua bem maior, com quatro cadeirinhas, para a segurança dos pequenos. Saíram para o estacionamento, olharam-se emocionados e, de mãos dadas, encaminharam-se para a recepção. A assistente social, Anita, esperava-os sorridente; havia acompanhado toda a trajetória para o processo de adoção e admirava a iniciativa do casal.

– Bom dia, Val! Bom dia, Hugo! Hoje será um dia memorável para todos nós. Que seja de luz e esperança para sua família.

SEMPRE HÁ TEMPO

– Obrigado, querida amiga, e insistimos para que faça parte dela; sem sua ajuda não estaríamos hoje aqui, para levar nossos filhos para casa.

– Venham, eles estão ansiosos, não falam em outra coisa. Desde que os levaram para conhecer sua futura casa, estão elétricos; foi difícil conter o desejo de estarem com vocês.

Anita abriu a porta de uma sala e lá estavam os quatro irmãos sentados juntinhos em um sofá. Carlos segurava Grace no colo, os olhos arregalados; pareciam, ao mesmo tempo, assustados e impacientes, e assim que viram os rapazes correram na direção deles, atirando-se em seus braços. A algazarra evidenciava a felicidade daqueles seres amados.

Manuel e Manuela abraçaram com força o pescoço de Val; pareciam ter receio de que ele fosse embora. O rapaz acariciou o rosto deles e falou com carinho:

– Está tudo bem, meus filhos, nunca mais ficarão sozinhos. Vamos para nossa casa agora mesmo, está bem?

Carlos contava seis anos e carregava a pequena Grace no colo. Hugo se aproximou dos dois e falou com emoção:

– Posso pegar sua irmã no colo?

– Se ela quiser, pode sim!

Grace, assustada, agarrou-se ao irmão. Hugo sorriu e falou de mansinho, encarando os olhos amendoados da menina:

– Você é tão pequena e já é sábia. Sabe que junto de Carlos estará sempre segura, não é? Então eu posso pegar vocês dois no meu colo?

– Mas eu já sou grande. Você vai aguentar carregar nós dois?

– Para o resto de minha vida, não quero outra coisa, apenas estar com minha família.

Carlos se aproximou e Hugo os ergueu no colo. Val chegou perto deles e todos se uniram em um longo e sonhado abraço. Algumas pessoas se juntaram a eles e, como nós, todos tinham os olhos marejados de lágrimas.

Pais e filhos acomodaram-se no carro. Hugo sentou-se no banco traseiro, segurando a mãozinha de Grace, que mantinha uma expressão de receio no olhar. Saíram do orfanato já perto da hora do almoço.

– Val, vamos levá-los para comer naquele restaurante que tem brinquedos?

– Dona Maria e dona Iracema prepararam um banquete para recepcionar as crianças e, além do mais, prometemos a eles ir para casa, lembra-se disso? – respondeu Val sorrindo.

– É verdade! Além do mais, Ester e a linda Leonora devem estar a nossa espera com bastante ansiedade.

– Teremos muito tempo para mostrar a eles as coisas boas da vida. Levá-los para passear, brincar e conhecer o mar.

– O que é o mar? – perguntou Carlos, interessado na conversa.

– É a coisa mais linda que eu já vi na vida, um lugar de areia e água em movimento, e esse movimento forma lindas ondas que arrebentam perto da praia como cristas de espuma branca. – Hugo pegou o celular, acessou a internet e logo mostrava às crianças vídeos de lindas praias da costa brasileira.

– Eu quero conhecer a praia. Vocês nos levarão lá? – perguntou Carlos, animado com as novidades.

– Temos uma amiga querida que tem uma casa na praia. Na primeira oportunidade, ela poderá nos emprestar e iremos conhecer o mar, está bem? – respondeu Val.

Chegaram a casa. Apesar do combinado, havia um número considerável de pessoas que os esperavam, ansiosas para conhecer as crianças: avós, tios, primos, Ester, Guto e Leonora.

Marina, a balconista da loja de roupas infantis, fora contratada pelos rapazes para ajudar dona Maria com as crianças. Ela havia preparado uma grande mesa de almoço no quintal da casa. O local estava enfeitado com motivos infantis, e os pequenos olhavam tudo admirados e encantados, embora ainda temerosos e arredios. Porém, sentiam enfim que estavam em casa.

A família estava reunida em um clima de felicidade e paz, mas alguém os observava de longe de forma furtiva, oculto

SEMPRE HÁ TEMPO

na escuridão da própria dor. Ouvimos um lamento terrível e um urro doloroso. Era uma mulher, e sua aparência deformada nos impressionou. O abdômen proeminente estava repleto de formas ovoides que ela acariciava, enquanto corria de um lado para outro, sem descanso, como em busca de paz.

Guto olhou na direção que a mulher havia tomado, e lágrimas escorreram de seus olhos. Ester se aproximou com Leonora no colo e perguntou:

– O que houve, meu bem?

– Há muito tempo não tinha vidência tão nítida como agora. Acabo de ver uma senhora em lastimável estado perispiritual. Senti sua ira e mágoa; ela sofre muito. Mas também quer causar sofrimento; ela tem algo contra meu irmão e Hugo.

– Você a viu?

– Vi sim. Hoje não, mas amanhã vou à casa espírita; precisamos pedir ajuda para ela e fortalecimento a esta família que tanto amamos.

Nesse instante, dona Iracema também se aproximou e falou emocionada:

– Parece que teremos trabalho pela frente. Eu também a vejo, já há algum tempo. Foi ela que interferiu no pensamento de Esteves e reforçou o preconceito que ele ainda mantém em sua mente.

– Ele ainda os rejeita, dona Iracema?

– No fundo, sim. Faz um esforço danado para ver a relação de Val e Hugo como algo natural, mas precisa lutar contra os próprios pensamentos, porque o instinto, muitas vezes, se sobrepõe à razão. Ontem mesmo, quando comentei sobre a chegada das crianças, ele falou que, se fosse um lar convencional, seria bem melhor, e que eles ainda sofreriam muita rejeição por parte de moradores do condomínio.

– Meu Deus! Será possível que alguém daqui faria algo contra eles? – questionou Guto, incomodado com a ideia.

– É possível sim, Guto. Precisamos ficar atentos. Ontem mesmo um morador daqui veio conversar conosco e parece que há um grupo que anda se reunindo para tomar medidas enérgicas contra eles. Tentei fazê-lo ser racional, mas ele se voltou contra mim de maneira bastante agressiva, inclusive me ameaçando.

– Quem é, dona Iracema? – perguntou Ester.

– Por enquanto não é necessário citar nomes, mas fiz uma queixa confidencial para o síndico, que percebi não ser contra essas atitudes desequilibradas. Ele me disse que essas pessoas visam apenas manter os bons costumes da comunidade. Mesmo assim, insisti em fazer a reclamação por escrito e protocolar uma cópia; caso aconteça algo, podemos ir à justiça civil.

– Que Deus nos proteja; afinal, não estamos fazendo nada de errado e muito menos Hugo e Val; pelo contrário, esses dois deram um lar para quatro crianças abandonadas por um casal heterossexual, e duas dessas crianças manifestam problemas de saúde graves – falou Ester.

– Não sei como, eles sabem que uma das crianças é soropositiva. O síndico falou que além de tudo estão trazendo problemas para os moradores, como uma criança que pode contaminar as outras.

– Antevejo a necessidade de mudarmos daqui o quanto antes; isso não vai parar por aqui. As coisas se agravarão porque eles não querem escutar a razão – comentou Guto.

– Vamos acreditar que nada será tão drástico assim; alimentemos pensamentos positivos, com boas vibrações. Sei que os bons amigos espirituais cuidam de nós e também cuidarão desses amigos que insistem em permanecer nas sombras. Já sabemos que quando há sombras é porque a luz penetra nossa psicosfera, não é assim? Hoje é um dia de alegria, e fazer desse momento o início de um belíssimo período de aprendizado no amor maior também é nosso direito e dever – falou Ester.

– Desculpem, não deveria ter tocado neste assunto agora, mas estou muito preocupada, de verdade – falou dona Iracema.

– A senhora fez bem em nos contar; realmente é uma situação bastante grave e devemos estar atentos a ela. Mas

SEMPRE HÁ TEMPO

agora vamos nos divertir com essa meninada – falou Guto, abraçando a bondosa senhora.

Eles se juntaram aos outros, e Val convidou a todos para uma prece de agradecimento pelo lindo presente que Deus lhes havia ofertado.

Vários companheiros de nosso plano se aproximaram e belíssima luz vinda do Alto nos envolveu em gotículas minúsculas da mais pura energia de amor e paz. Emocionados, juntamo-nos a eles em uma singela prece proferida por nosso amigo encarnado.

CAPÍTULO 11

Intransigência

Hugo e Val conseguiram tirar alguns dias de folga. Tinham férias vencidas, e legalmente também desfrutavam de alguns direitos pela adoção recente. Esses dias foram aproveitados para cuidar dos pequenos. Eles os levaram para exames médicos, exames clínicos e também a avaliação de uma psicóloga especializada em crianças vitimadas.

Sentiam-se felizes; as crianças estavam bem e se adaptavam com facilidade à nova vida. Carlos, o mais velho, demonstrava grande preocupação com os irmãos, estando sempre atento às suas necessidades. Manuel estava bem; apesar de ser soropositivo não apresentava nenhum indício de manifestação de doenças.

Grace era portadora de síndrome de Down; sua aparência característica era mais atenuada, e os pais já haviam marcado uma consulta com um geneticista para entender melhor a forma de conduzir sua educação.

Manuela era arredia e desconfiada; estava sempre com medo e se afastava, demonstrando repulsa quando alguém a tocava.

Estavam em casa com as crianças, e o telefone tocou. Era o pediatra que tinha examinado as crianças.

– Bom dia, Val!

– Bom dia, Carlos! Está tudo bem?

– Está sim, mas precisamos conversar. Ontem não tivemos como fazer isso. Gostaria que você ou o Hugo viessem ao meu consultório às onze horas, pode ser?

– Pode sim, vou falar com Hugo. Mas é mais provável que eu mesmo vá!

– Estou esperando!

Val informou a Hugo, e este preferiu ficar com as crianças. Val então fez menção de ir se arrumar, mas Manuel agarrou suas pernas, pois não queria que ele saísse.

– Meu filho, fique sossegado. O papai vai conversar com um amigo e volta logo, está bem? Veja só, Hugo ficará aqui com vocês. Além disso, temos dona Maria e Marina.

– Se você for embora, não vai voltar, e nós ficaremos sozinhos – insistiu o menino.

SEMPRE HÁ TEMPO

– Manuel, olhe para mim. Você está em segurança aqui. Não permitiremos que fiquem abandonados nunca mais. Hoje vocês são nossos filhos e nós os amamos muito – falou Val, com lágrimas nos olhos, abraçando a criança.

Hugo se aproximou, pegando Manuel no colo. Beijou suas bochechas e falou bastante animado:

– Quem quer brincar de pega-pega?

As crianças o rodearam. Ele colocou Manuel no chão, pegou Grace do pequeno cercado onde ela se encontrava, rodeada de brinquedos, e saiu correndo.

Val foi se arrumar e logo estava no consultório do amigo.

– Bom dia, Carlos, está tudo bem?

– Comigo sim, graças a Deus! E vocês, como estão se virando com aquela criançada linda?

– Até que melhor do que poderíamos esperar; eles estão se adaptando muito bem. Às vezes, sentimos que sofrem ainda pelos traumas vividos, mas conseguimos mudar o rumo da conversa, e eles acabam se divertindo bastante. Além de tudo, podemos contar com duas pessoas incríveis, Marina e dona Maria. Sem elas, aquela casa estaria um caos.

– Sei que tudo vai dar certo. Crianças se adaptam com facilidade e, quando tratadas com respeito e amor, firmeza e disciplina, desenvolvem-se de modo admirável, vocês verão!

– Quando me ligou, percebi certa preocupação em sua voz. Tem algo que não sabemos sobre nossos filhos?

– Tem sim, meu amigo, e bastante grave.

– O que é?

– Percebi, durante o exame clínico, que Manuela e Grace sofreram abuso sexual. Há rompimento do hímen, e elas mostraram desconforto com o exame. Também notei que Manuela tem receio de se sentar e anda como se sentisse dor abdominal.

– Santo Deus! O que mais pode ter acontecido com meus filhos? – falou Val, com lágrimas escorrendo pelo rosto.

– Sei que é difícil encarar esses problemas; não os aceitamos porque sabemos do horror que representam para a vítima.

Mas hoje as crianças estão em um lar amoroso, onde serão cuidadas com carinho e desvelo. Precisamos identificar esses problemas para trabalhar psicologicamente a cabecinha delas, sem permitir que esses traumas sejam limitantes no futuro. Se vocês permitirem, vou marcar um horário com a psicóloga, uma profissional competente e amorosa que trabalha com esse tipo de transtorno emocional, causado por abusos físicos. Assim poderemos definir uma linha de conduta, e ela os alertará sobre determinados sintomas emocionais que possam surgir. Leigos que somos no assunto, não lhe damos a devida importância.

– Carlos, Grace também sofreu abuso? Mas ela tem apenas nove meses.

– Eu sei, meu amigo. Mas, para uma mente doente, isso não quer dizer nada. E vocês precisam se lembrar de onde as crianças vieram: os pais eram viciados em drogas pesadas e traficantes; com certeza, não tinham noção alguma de moralidade.

– Eu sei, mas é difícil entender algo tão medonho como a atitude violenta de um adulto para com um bebê.

– Notei que Manuela não fica no seu colo, mas com Hugo é diferente, então conversei com a assistente social que os atendeu no processo de adoção. Confirmei algo de que já suspeitava: o pai biológico usava barba, como você, e isso a amedronta, porque ela faz uma associação simplista com os abusos que sofreu.

– Saindo daqui vou a uma barbearia para tirar a barba. Não é problema algum para mim; só quero que eles fiquem bem e saibam que estão em segurança. Como devemos agir em relação a isso?

– Não sabemos quem são os responsáveis pelos abusos; tendemos a crer que foram praticados por uma figura masculina, mas nem sempre é assim. Vários casos conhecidos de abuso foram praticados por figuras femininas, mas no caso de seus filhos há certos indícios de que foi o pai biológico, inclusive por denúncias recebidas. Deixe que Marina e

SEMPRE HÁ TEMPO

dona Maria tomem conta da higiene deles; eles se sentirão mais seguros assim.

– Está bem, vou conversar com Hugo. E agora vou à barbearia. Obrigado, meu amigo. Apareça em casa com sua família, vamos adorar!

– Já falei com minha esposa. Faremos um almoço para vocês na chácara, as crianças vão gostar.

Val saiu do consultório do pediatra bastante emocionado com as histórias que surgiam sobre a vida de seus filhos, crianças que já amava tanto. Prometeu a si mesmo fazer até o impossível para apagar essa dor com muito carinho e amor.

Tomou o celular nas mãos e ligou para Hugo, colocando o companheiro a par das tristes novidades. Hugo o surpreendeu ao dizer com firmeza:

– Não se preocupe com isso; nossa família ficará bem. Ainda seremos muito felizes e libertaremos nossos pequenos dos traumas sofridos; esse foi apenas o caminho para que chegassem às nossas mãos. Não pense muito nisso; é passado e, com o devido tempo, com as crianças já mais fortalecidas, no passado ficará.

Eu, Maurício, um socorrista do plano espiritual, sentia certo desconforto emocional, apesar de toda a preparação para os trabalhos socorristas. Nunca havia participado de um caso assim e precisava de ajuda. Então, voltei à Casa Espírita Caminheiros de Jesus em busca de Vinícius. Tinha de conversar com alguém que entenderia minhas reticências.

CAPÍTULO 12

Compreensão

Adentrei a abençoada casa espírita que nos acolhia no plano material. Ana veio ao meu encontro, abraçando-me com carinho, e lágrimas escorreram pelos meus olhos. Ela me olhou com compreensão e falou, tomando minha mão e conduzindo-me ao jardim magnífico que nos acolhia:

– Venha! Vinícius e Ineque nos esperam.

Admirado, percebi que a cada dia nosso pequeno refúgio estava mais belo; as flores tinham um colorido admirável, e pequenas gotículas de água eram espargidas por todo o ambiente, dando a sensação de frescor e serenidade. Respirei fundo e recebi caloroso abraço de meus amigos.

Ficamos em silêncio por alguns momentos abençoados, então falei com a voz insegura, demonstrando a dor que insistia em roubar minha sanidade, tão necessária ao trabalho que me propus realizar:

– Já vivenciamos muitas histórias tristes, que provocaram sofrimento e dor a muitos amigos encarnados e desencarnados, mas crianças tão pequenas, fragilizadas, abusadas e maltratadas desse modo... Isso está me deixando revoltado. Sei que o mundo caminha como lhe é necessário, mas tem momentos em que precisamos parar e refletir sobre essas coisas, senão acabaremos caindo em um terrível estado de conformismo.

– Você disse algo importante neste instante: não permitir que o conformismo como ideia preestabelecida nos limite o movimento pela vida; compreender que ainda estamos em um planeta imperfeito, principalmente no aspecto moral, porque somos seres imperfeitos também, porém não devemos ficar ociosos à espera de um milagre, mas sim renovar as forças, que devem se manifestar em atitudes firmes e construtivas – falou Vinícius com seriedade.

– Tenho muito receio da ideia errada que fazem sobre a Providência Divina, como se algo fosse acontecer apesar da inércia dos sofredores, algo milagroso, para nos livrar desse panorama obscuro. Entendo a Providência Divina

SEMPRE HÁ TEMPO

como a própria criação que nos permitiu a inteligência, com sua consequente educação para o equilíbrio do homem integral. Isso pressupõe indivíduos ativos, reflexões profundas sobre a própria vida, a busca consciente de personalidades mais equilibradas, a depuração de mentes equivocadas por meio de atitudes bondosas, bem como adquirir conhecimento, educando-se para que se manifeste a origem dos guardiões da fé imorredoura e raciocinada – completou Ineque.

– A movimentação planetária passa por momentos de transformações sociais, e o preconceito ainda toma conta das mentes entorpecidas, que insistem em permanecer presas a conceitos deturpados do que é o bem – contribuiu Ana.

– Preconceito é um juízo muito pessoal, preconcebido sobre determinados assuntos, e que não raras vezes acaba se manifestando de forma discriminatória. Geralmente, as ideias preconceituosas são baseadas em falsos conceitos que não têm fundamentação séria. Podem se manifestar apenas em nível de pensamento, por exemplo, quando olhamos para alguém, e esse alguém foge aos padrões definidos como aceitáveis para a sociedade: essa pessoa é gorda demais, magra demais, alta demais, baixa demais etc. – falou Ineque.

E prosseguiu:

– Como podem se voltar contra manifestações comportamentais ou de biótipos considerados aviltantes, ou ainda contra determinados grupos sociais, como homossexuais, negros, pardos, amarelos etc. O preconceito tem origem em mentes frustradas, personalidades intolerantes e ignorantes, que acabam distorcendo a real visão do assunto; na realidade, o preconceito faz parte do domínio da crença que tem como base a irracionalidade, e não o conhecimento, que é fundamentado no argumento ou no raciocínio.

– Posso mesmo entender esse movimento social, individual ou de grupo, mas o meu problema real, neste momento, é com o maltrato aos pequenos; isso me deixa maluco – falei, ainda bastante irritado.

– E o que não é isso, senão preconceito, meu jovem? – Vinícius me perguntou.

– Como assim? Eu, preconceituoso? Mas esses indivíduos são malfeitores – respondi.

– Não justifico o comportamento deles, pois agem com total desequilíbrio. Mas fazem o que podem, não é assim? – contrapôs Vinícius.

Respirei fundo, tentando controlar meu desagrado com a resposta recebida. Conhecendo meu querido amigo Vinícius, sabia que ele apenas me ajudava a entender o que andava vivenciando.

– Quer dizer que tudo isso pode ser explicado de forma coerente?

– Isso mesmo. Esses pais que maltratam seus filhos, que os abandonam e abusam de sua inocência são mais necessitados que as próprias crianças; precisam de nossa compreensão e paciência, e para tanto devemos lembrar que Jesus nos alertou de que o remédio é para os doentes. Veja que os pequenos, recolhidos em um lar amoroso e com um futuro pela frente a ser vivido da melhor forma possível, são merecedores de socorro. Ninguém vem ao mundo dos encarnados à revelia, mas de posse de um planejamento encarnatório, então algum propósito salutar aí tem, para si mesmo e para os que participam, de um modo ou de outro, dessa experiência bendita – continuou Vinícius.

– Desculpe o mau jeito, mas não estava conseguindo colocar as ideias numa ordem lógica. Agora estou melhor. Preciso apenas interiorizar que o conceito de certo e errado também é relativo, afinal, não dominamos todo o conhecimento e muito menos conseguimos exercitá-lo a contento, não é?

– Então, meu jovem amigo, lembre-se de que todos vivenciamos o que nos é necessário nesta vida, o que não nos rouba o livre-arbítrio, respeitando a nós e ao próximo, em um exercício constante de alteridade. Quanto à forma como iremos conduzir esse aprendizado, está intrinsecamente vinculada ao entendimento do momento. Sua função neste

SEMPRE HÁ TEMPO

instante é socorrer, e socorrer a todos indiscriminadamente, pois, se começarmos a escolher nossos atendidos, seremos criaturas preconceituosas e, sem dúvida, estaremos nos furtando a belíssimo aprendizado – falou Vinícius sorrindo.

— Sabemos de sua caminhada, o quanto já conseguiu modificar seu estado doloroso e desequilibrado em transformação efetiva do ser. Então prossiga, relembrando a si mesmo sua trajetória pessoal; faça um paralelo sobre quem hoje se movimenta pela vida e como o antigo Maurício reagia às diversas situações que vivenciou – aconselhou Ineque.

— Só tenho a agradecer pela compreensão, paciência e tolerância que demonstram com este cabeça-dura, mas estou mesmo conseguindo modificar a estrutura de meu pensamento. Apenas determinadas situações que presencio ainda me roubam a lucidez, e preciso recorrer a vocês. Obrigado por me acolherem com tanto carinho.

Ana se aproximou e, abraçando-me, falou sorrindo:

— Se ainda estivesse encarnada, minha avó materna diria que você precisa de um chá de camomila. Mas vamos, quero convidá-lo para observar a cidade do mirante situado no portal espiritual.

Mais sossegado, aceitei o convite de nossa amiga para passarmos algumas horas agradáveis.

Logo que chegamos ao mirante, Ana olhou com carinho para mim e falou em um tom de voz manso e alegre:

— Vou contar a você uma história bem interessante: O vendedor de balões. O autor é Anthony de Mello...

Era uma vez um velho homem que vendia balões em uma feira. Todos os domingos ele chegava bem cedinho e ficava a encher os balões. Eles eram lindos, de todas as cores... Ficavam presos com suas cordinhas ao carrinho.

O homem era um bom vendedor; as crianças compravam os balões e ficavam felizes desfilando com eles amarrados ao pulso...

Em um domingo, um balão azul soltou-se antes de ser amarrado e escapou para o céu. Começou a ganhar altura, subindo lentamente, bailando no ar e atraindo, desse modo, uma multidão de garotos. Alguns tentaram correr atrás do balão aos saltos, mas ele já estava no alto, levado pelo vento... Sem querer, o acontecimento atraiu muitos meninos e meninas, que logo vieram comprar balões naquela manhã... Eles foram vendidos rapidamente.

Havia ali perto um menino. O garotinho observava os balões sendo enchidos e depois amarrados pelo vendedor no braço de outras crianças...

O vendedor entendeu que o balão, ao voar no céu, atraía compradores, então soltou um deles: um vermelho. Em seguida, soltou um verde... O menino que observava o vendedor pediu ao avô que lhe comprasse um balão. Recebeu duas moedinhas... Enquanto se dirigia ao vendedor, viu um balão amarelo subindo ao céu e depois um branco.

Olhou para o alto, e os balões subiam, subiam, subiam... até sumirem de vista.

O menino, com o olhar atento, seguiu cada um deles por mais alguns instantes. Outros balões tinham se soltado do braço das crianças, e o céu parecia ter estrelas coloridas.

O garotinho ficou imaginando mil coisas... Porém, uma coisa o aborreceu: o homem não havia soltado nenhum balão preto. Ele tinha achado aquele tão bonito!

Então, aproximou-se do vendedor e lhe perguntou:

– Moço, se o senhor soltasse o balão preto, ele subiria tanto quanto os outros?

O vendedor de balões sorriu compreensivamente para o menino. Arrebentou a linha que prendia o balão preto e, enquanto ele se elevava nos ares, disse:

– Não é a cor, filho. É o que está dentro dele que o faz subir.

SEMPRE HÁ TEMPO

Sorri para Ana e olhei para a linda cidade ao longe. Anoitecia, e o ar possuía um aspecto mágico, encantador. Respirei fundo, lembrando-me de minha mãe, Dirce, uma figura marcante na última encarnação. Senti saudades; ela saberia entender meus sentimentos, ainda tão conflitantes.

Baixei a cabeça e ouvi sua voz ao meu lado:

— Tudo bem, Maurício?

Abracei-a apertado e respondi com emoção:

— Agora está, agora está!

Ana sorriu e nos juntamos à multidão que assistia ao magnífico espetáculo da natureza.

Lembrei-me de uma passagem de *O Evangelho segundo o Espiritismo*, Capítulo XII, "O duelo"[1]:

---

[1] Só é verdadeiramente grande aquele que, considerando a vida como uma viagem que tem um destino certo, não se incomoda com as asperezas do caminho, não se deixa desviar nem por um instante da rota certa. De olhos fixos no seu objetivo, pouco se importa de que os obstáculos e os espinhos da senda o ameacem; estes apenas o roçam, sem o ferirem, e não o impedem de avançar. Arriscar os dias para vingar uma ofensa é recuar diante das provas da vida; é sempre um crime aos olhos de Deus; e, se não estivésseis tão enleados, como estais, nos vossos *preconceitos*, seria também uma ridícula e suprema loucura aos olhos dos homens.

CAPÍTULO 13

Tristeza e preconceito

Tudo corria bem quando os dias de folga de Hugo e Val chegaram ao fim.

Hugo se preparava para se afastar de suas funções como funcionário do quadro médico do hospital; já tinha um consultório montado em uma clínica pediátrica, como já haviam decidido antes mesmo da adoção das crianças, pois dessa forma teria um horário de trabalho mais organizado. Val continuaria na Emergência do grande hospital e como professor da universidade ligada a ele.

As coisas seguiam de maneira harmônica: as crianças se adaptavam à nova realidade com facilidade, já demonstrando amor para com aqueles que cuidavam delas. Val e Hugo foram chamados pelo psicólogo que os esclareceu sobre os abusos físicos sofridos por Manuela e Grace, os instruindo sobre a melhor maneira de conduzir o assunto, para que um trauma grave não as limitasse no futuro.

Como o casal havia planejado, foram matriculados na escola de Cris, filha de Silvio, o advogado dos rapazes.

As crianças foram bem recebidas pelos colegas, integrando-se à rotina da escola. Carlos estava encantado; demonstrava facilidade de aprendizado e organização com a vida escolar.

Os pequenos gêmeos Manuel e Manuela ainda estavam arredios, mas aos poucos, com atenção e carinho, aceitavam a companhia de outras crianças.

A pequena Grace continuava sob os cuidados de dona Maria e Marina, em casa, recebendo estímulos de todos para se adaptar a nova uma realidade, superar suas limitações físicas e emocionais.

Certo dia, Cris estava em sua sala, na diretoria da escola, quando uma funcionária veio informar que algumas mães queriam falar com ela.

SEMPRE HÁ TEMPO

– Algumas mães?

– É sim, dona Cris. E, pelo que ouvi, tem algo a ver com os novos alunos, os filhos adotivos de Hugo e Val.

– Santo Deus, o que será? Bom... sinceramente, eu esperava por isso; até demorou para acontecer.

– Eles parecem bem irritados.

– Meu pai já chegou? Ele falou que viria para me ajudar com alguns assuntos legais da escola.

– Já sim. Ele foi tomar um café no refeitório.

– Por favor, peça a ele que suba até aqui depois.

– Está bem. Mas posso sugerir que faça uma oração antes de receber essas pessoas?

– Bem lembrado, minha querida, bem lembrado.

Cris esperou por Silvio e pediu à funcionária que permitisse a entrada dos pais.

– Bom dia, senhores! O que posso fazer por vocês? Acredito que estejam aqui para saber sobre a evolução de seus filhos no mundo acadêmico, assim como se informar sobre nossas providências a respeito do *bullying* que andava acontecendo por aqui, não é assim? Eu os compreendo bem, pois devemos esclarecer nossas crianças e jovens desde a mais tenra idade; caso contrário, corremos o risco de vê-los se tornarem adultos preconceituosos e ignorantes. A ignorância sobre determinados assuntos é que nos faz ter ideias preconcebidas, sendo o câncer moral de nossa sociedade; mas, como os conheço e sei como prezam a família e a escola, instrumentos eficazes na educação desses jovens cidadãos do futuro, antevejo sua preocupação e a compreendo. Acredito que já decidiram que um de vocês falará por todos, não é?

Silvio olhava para a filha com carinho e admiração; nunca imaginaria aquela preleção antes mesmo que o assunto fosse exposto, nem que ela a fizesse de forma tão sintética e contundente.

Os pais ficaram constrangidos, e era possível perceber que as razões nas quais assentavam-se suas reclamações haviam sido desconstruídas antes mesmo de serem verbalizadas.

Eliane Macarini ditado por Maurício

Uma mulher ainda bastante jovem, com expressão de escárnio, avançou um passo e falou de modo belicoso:

– Sei bem o que acaba de fazer aqui, mas a mim você não vai inibir. Queremos que nos explique a inclusão dessas três crianças que foram adotadas por pessoas bastante questionáveis, e que ainda por cima podem ser portadoras de doenças contagiosas. Aliás, vamos ser claros: sabemos que uma das crianças é soropositiva e não vamos admitir que nossos filhos corram o risco de se contaminarem.

– Por isso falei sobre estarem ignorantes dos fatos. Os pais dessas crianças são Hugo e Val, duas pessoas admiráveis e de boa moral e comportamento, que tiveram a bondade de acolher quatro irmãos abandonados por um casal convencional. Eles os tratam com carinho e muito amor, e as crianças demonstram estar adaptadas a uma família bastante equilibrada, contando com a presença de primos, tios, avós e amigos amorosos. A escola os inclui ao seu corpo estudantil porque os considerou aptos a aproveitarem o conteúdo acadêmico, assim como estão aptos também a viverem em sociedade. São crianças saudáveis e inteligentes, que estão tendo oportunidades que poucos têm a consciência de oferecer no meio em que vivemos. Quanto à saúde física dos pequenos, todos estão sendo acompanhados por profissionais competentes e não oferecem risco nenhum às outras crianças.

– E a criança contaminada por HIV, sobre isso você vai falar? Não quero esse marginalzinho junto com meus filhos – falou a mesma mulher, bastante alterada.

Um dos pais se aproximou da jovem e falou com firmeza:

– Para mim já chega. Sua postura não me representa; cometemos um erro grave em vir aqui sem nenhuma orientação adequada e sem saber o que estamos reivindicando. Cris sabe o que está fazendo e confiamos nela. Pedimos apenas que fique alerta; no caso da criança doente, nossa preocupação é legítima, pois crianças caem, se machucam e sangram, e pode acabar acontecendo algo de que nos arrependeremos pelo resto da vida.

SEMPRE HÁ TEMPO

– Antes de aceitar qualquer criança que seja portadora de qualquer tipo de limitação física ou emocional, a direção da escola se informa com profissionais capacitados para avaliar a situação. Além disso, estamos sempre sendo orientados durante o processo de permanência dessa criança conosco. Temos cuidadores bastante discretos, que ficam responsáveis pelo acompanhamento do desenrolar da convivência em nosso meio social, e, em caso de qualquer fato de risco observado, há uma intervenção efetiva. Temos algumas crianças incluídas nesse programa elaborado por profissionais competentes e, se mantemos uma relação de confiança entre o corpo docente, funcionários capacitados e pais, não entendo o porquê de criarmos uma crise entre nós.

– Se essas crianças permanecerem nesta escola, vou tirar meus filhos daqui – esbravejou a mulher.

– Desculpem interferir, mas todos me conhecem. Sou pai e advogado de Cris e da escola. Acredito, sinceramente, que essa opção é somente sua, e a senhora tem o direito de fazer o que considerar melhor para seus filhos. Quanto aos senhores, vou propor a Cris que disponibilize a presença de um profissional competente, especializado no assunto de inclusão e suas características essenciais, para esclarecer quem tiver interesse. Está bem assim?

– Está sim. Gostaria de conversar com alguém que tivesse conhecimento do assunto e nos tranquilizasse – falou uma moça com boa vontade.

– Se está tudo bem, podemos encerrar este encontro. O horário do intervalo para o lanche se aproxima e gosto de acompanhar do pátio – esclareceu Cris.

– Quero que chame meus filhos; vou encerrar neste momento nossa relação – disse a mulher enraivecida . – Tenho uma amiga que mora no mesmo condomínio que essas aberrações e por lá a coisa anda bastante complicada também. Espero que sejam punidos de acordo por essa afronta à nossa sociedade familiar, e vou avisando que farei uma denúncia contra vocês.

– É um direito seu, minha senhora. Agora, se nos dá licença, temos tarefas importantes a serem executadas – falou Silvio com cortesia.

Os pais saíram da sala da direção e se reuniram na frente da escola.

Observamos que as opiniões divergiam; entre os encarnados alguns defendiam a escola e sua postura, mas outros estavam furiosos e se consideravam ultrajados.

Espíritos de mundos inferiores se aproximavam e alimentavam o desequilíbrio dos mais ignorantes.

Percebemos densa energia que os envolvia aos poucos, de forma sutil. Uma entidade de grande porte tomou forma e ordenou a seus seguidores que influenciassem os presentes.

Um hipnotizador logo se aproximou da moça que afrontara Cris. Esta saía com os filhos de dentro da escola, as crianças sendo praticamente arrastadas para fora. Com raiva, soltou a mão de uma das crianças e, enraivecida, pegou uma grande pedra e a arremessou contra a porta de vidro da escola, que se estilhaçou, provocando um estrondo.

A criança se assustou e correu para a rua; um carro que passava jogou o pequeno corpo para cima, sendo ele arremessado a metros do ponto de impacto.

Hugo, que havia sido informado dos últimos acontecimentos, chegava ao local e, desesperado, tomou sua maleta médica nas mãos e correu para socorrer o pequeno de apenas três anos.

A mãe, com raiva, investiu sobre ele e tentava socá-lo, gritando que ele era culpado se seu filho morresse. O rapaz que antes havia interferido de forma positiva na reunião da escola segurou-a pelos braços e falou olhando em seus olhos:

SEMPRE HÁ TEMPO

– Pare! Você é culpada por tudo isso; você assustou a criança e a soltou. Ele é médico, e a sobrevivência de seu filho está nas mãos dele.

Ela olhou com ódio para seu interlocutor e falou entredentes, visivelmente alterada:

– Se meu filho morrer, vou acabar com todos vocês!

O veículo de resgate chegou, e Hugo acompanhou o pequeno até o hospital. Cris chamou o pai da criança, e este dominou os ímpetos desequilibrados da esposa.

Aproximamo-nos de seu campo vibratório e, admirados, percebemos seus pensamentos doentios: "Tomara que ele morra, assim posso processar todo mundo e ganhar muito dinheiro. Não suporto mais esse menino; odeio cuidar dele. Só queria minha princesa". E então olhou com avidez para a menina sentada no banco de trás do carro, que soluçava baixinho, com medo de ser agredida pela mãe.

O marido a olhou com preocupação e pensou: "Ela deixou de tomar os remédios de novo. Tenho certeza disso. Meu Deus, proteja meu filho. Ele é tão pequeno; nunca deveria ter permitido que ela viesse sozinha a esta maldita reunião".

Vinícius e Ineque vieram em nosso auxílio, passando a atender a multidão que se formou na frente da escola , com vibrações amorosas e serenidade, atendendo aos espíritos desequilibrados que se alimentavam do momento de discórdia. Em pouco tempo, grupos homofóbicos, munidos de cartazes e gritando palavras de ordem, podiam ser vistos e ouvidos, atraindo cada vez mais pessoas afins.

Uma equipe de um canal de televisão local logo apareceu e fomentou mais ainda os pensamentos de discórdia e preconceito.

Val, contando com a ajuda de Guto, foi buscar as crianças, assim como outros pais. Quando saíam carregando os filhos no colo, foram agredidos física e verbalmente pela multidão enlouquecida.

Uma pedra acertou a cabeça de Guto, e um fio de sangue escorreu por seu rosto. Ele se voltou e olhou para as pessoas mais próximas, e lágrimas de tristeza banharam suas faces. Um senhor se aproximou e o envolveu em um abraço protetor, no que foi seguido por outras pessoas de bom coração.

A multidão silenciou diante da visão da bondade e do respeito, e nós aproveitamos o momento para vibrar com amor e serenidade. O senhor se voltou e falou em um tom de voz firme:

– O que fazem é vergonhoso; acredito que muitos de vocês nem sabem por que estão aqui. Vão para suas casas e cuidem da família de vocês. Vão!

Algumas pessoas começaram a se afastar envergonhadas, enquanto outras permaneciam na mesma posição de doloroso desequilíbrio.

Olhamos para a entidade que fomentava a discórdia e oramos com fé e a crença no Bem Maior a nos fortalecer. Ela cambaleou e se afastou.

CAPÍTULO 14

Grande dor

Hugo chegou ao hospital. Lutara pela vida da criança durante todo o trajeto, mas o impacto do carro sobre o pequeno corpo fora fatal. O garotinho desencarnara imediatamente, e a equipe de socorristas procedeu ao desligamento perispiritual da pequena criatura, poupando-o das mazelas do pós-desencarne.

O pequeno corpo foi levado à sala de emergência, e o óbito, declarado. Os pais chegaram ao hospital e, assim que ficaram sabendo da notícia, tiveram reações completamente opostas. Marlene, esse era o nome da mãezinha, afastou-se e, olhando para fora do prédio, pensava nas próximas decisões a serem tomadas; não se preocupava com a partida do filho, mas sim com os proveitos que seriam tirados desse fato, inclusive já tramava terrível vingança contra Hugo e Val.

O pai consternado, de nome Bruno, permitia que lágrimas sentidas escorressem de seus olhos, enquanto abraçava a filha, uma criança assustada que não entendia direito o que estava acontecendo.

Logo parentes chegaram ao local e, horrorizados pelo acontecido, prontificaram-se a auxiliar. Bruno entregou a filha nas mãos dos avós, aproximou-se da esposa e tentou abraçá-la, mas esta o empurrou, incomodada com sua aproximação, e falou irritada:

— Passe-me o telefone do advogado. Precisamos fazer as coisas direito se quisermos uma boa indenização por esse transtorno.

— Indenização? Transtorno? Nosso filho de três anos acaba de falecer.

— Isso mesmo! Quero ser indenizada por esse... assassinato. Vamos dar o nome certo a isso.

— Você enlouqueceu de vez!

— Você é um molenga, um fraco; estou cansada de você, de viver com a miséria que ganha, tendo de contar os centavos. Quero essa indenização para ter a vida que mereço.

O homem enojado se afastou e falou para a sogra, que se aproximava:

SEMPRE HÁ TEMPO

– Cuide de sua filha, pois ela enlouqueceu de vez.

Marlene, atormentada, sob a influência de espíritos inferiores, revoltou-se contra o bom senso de todos e, com fúria, pegou um instrumento médico de cima de uma bandeja e se arremessou contra Hugo, que acabara de entrar na sala de emergência, ferindo-o na barriga.

Hugo resvalou até o chão, atordoado pela violência sofrida. Colegas o socorreram prontamente. Após os primeiros socorros constataram que o ferimento fora superficial. O local foi limpo, tratado, e alguns pontos foram dados. Hugo ficou sob observação na Emergência do grande hospital.

A polícia foi informada, e Marlene, encaminhada a uma delegacia. Bruno, apesar de toda a dor do momento, acompanhou-a, enquanto seus pais tratavam da liberação do corpo da criança. O homem, ainda sob o impacto dos acontecimentos, lembrou-se porém de dizer à enfermeira:

– Por favor, se houver algum órgão que possa ser doado, eu o farei.

Um médico foi contatado, e as providências necessárias tomadas. A bondade sempre estará presente onde há amor e fé.

Val, após deixar as crianças sob os cuidados de Marina e dona Maria, correu para o hospital, avisado sobre os últimos acontecimentos, e acompanhado pelo irmão Guto.

Todos estavam estupefatos diante das últimas ocorrências, violência gerando violência em um ciclo que parecia não ter fim. Ester pediu ajuda aos amigos da Casa Espírita Caminheiros de Jesus, e uma corrente de oração foi marcada, o que nos auxiliou bastante para que pudéssemos tomar algumas providências no plano espiritual.

Vinícius nos convidou a visitar, no plano espiritual, o núcleo habitacional onde a entidade, que ainda não havíamos identificado, morava com seus seguidores. Saímos da casa espírita que nos acolhia ao amanhecer do novo dia.

Ana nos brindou com uma linda canção; orávamos ao Senhor da Vida em busca de fortalecimento e paz em nossos

Eliane Macarini ditado por Maurício

corações. O caminho era íngreme, frio, e uma chuva intermitente caía do céu abençoado. Apesar de não sentirmos as intempéries da mesma forma que os encarnados, a memória buscava sensações guardadas em nossas lembranças, e parecíamos estar enregelados.

Vinícius nos alertou sobre a presença de entidades que nos seguiam de perto, intensificando sentimentos e sensações que nos tornassem inseguros e tristes. Respiramos fundo, em busca de energias revigorantes; sentimo-nos melhor, e a sensação de frio se foi, deixando calor e alegria.

Continuamos pelo caminho da vida em busca do trabalho redentor. Após algumas horas de caminhada e resgates profícuos, nos deparamos com estranha paisagem: uma bifurcação que levava a dois núcleos residenciais bastante diferentes entre si.

O núcleo da direita nos lembrava enorme favela, com seus barracos mal construídos, toscos, sujos e tristes; enquanto o núcleo da esquerda era formado por residências luxuosas e, ao centro, podíamos observar uma enorme praça que continha um castelo enorme cercado por uma guarda organizada, composta por espíritos que se mostravam de grande tamanho físico, com aparência assustadora e terríveis deformações à mostra. Lobos colossais e outros animais, bastante deformados também, circulavam pelo perímetro, sendo guardiões de um exército terrível.

Nesse instante, uma equipe de socorristas, que trabalhava em um posto de socorro próximo, juntou-se a nós. O coordenador se aproximou e nos cumprimentou com alegria e esperança no mais belo sorriso do dia.

– Bom dia, amigos. Sejam bem-vindos a nossa casa. Meu nome é Patrício e coordeno a equipe que trabalha nesta bendita comunidade.

– Bom dia, Patrício – falei. – Eu sou Maurício, esta é Ana e aquele é nosso coordenador, Vinícius, que hoje nos auxilia. Ineque avisou que iriam se juntar ao nosso grupo para nos ajudar a entrar na cidade.

SEMPRE HÁ TEMPO

– Eles não nos impedem de entrar, mas são muito rígidos quanto a abordarmos seus auxiliares. Podemos circular à vontade, mas, se alguém se aproximar e nos questionar sobre melhor forma de vida, deverá ser levado. Caso insista em permanecer, será aprisionado e passará por sessões de hipnose maléfica, até tomar a forma animal.

Olhei para os grandes animais que circulavam livremente por toda a cidade, questionando o amigo com os olhos.

– São estes animais sim. Ao anoitecer, eles são reunidos na praça central diante do palácio e passam por uma sessão comunitária hipnótica, que reforça seu atual estado. Eles são muito disciplinados.

– E quando alguém se aproxima e aceita ser encaminhado ao posto de socorro, eles não interferem? – questionou Vinícius.

– Não, não interferem! Temos um acordo de boa convivência a esse respeito. Apesar dessa facilidade, se é que podemos chamar assim, são raros aqueles que querem se afastar do grupo.

– Mas... eles vivem em estado de miséria absoluta. Olhe para isso! – comentou Ana.

– Se prestarem atenção, verão que o núcleo miserável está dividido em setores. A entrada é destinada aos iniciantes, que, conforme aprendem e colaboram nos trabalhos que lhes são atribuídos, são promovidos a um novo setor, com mais regalias e responsabilidades. É bem raro alguém receber essa promoção, mas a esperança de conseguirem condições melhores de vida os mantém fiéis e atuantes ao máximo. Da mesma forma são alimentados os transmutados; esses também recebem sua dose hipnótica diária.

– Isso é feito também na praça central? – perguntei a Patrício.

– Não. Em cada moradia há aparelho semelhante a um pequeno alto-falante e, quando essas entidades "adormecem", por causa do estresse mental ao qual são submetidas, automaticamente o aparelho liga e repete de modo ininterrupto frases de comando.

– Que tristeza! – comentou Ana.

– Realmente, é bastante triste. Mas também profícuo ao trabalho de resgate, pois não formam trabalhadores fiéis, e a simples lembrança de um momento bom de suas vidas pode livrá-los desse assédio, provocando um estado latente de conflito e insatisfação.

– São essas criaturas que são socorridas? – perguntou Vinícius.

– São sim; precisamos estar atentos a qualquer movimento corporal que fuja ao padrão habitual imposto pela hipnose. Se prestarem atenção, eles se movimentam da mesma forma, parecem estar anestesiados, caminham na mesma velocidade e com os olhos baixos o tempo todo. Agora vejam essa senhora: ela olha ao redor furtivamente; nós a acompanhamos há semanas.

Nesse instante, um socorrista se aproximou dela e começou um trabalho de dispersão da energia mais densa que a envolvia. Ela levantou a cabeça, olhando para o rapaz amoroso que a amparava. Ele conversou com ela por alguns instantes, e lágrimas escorreram pelo seu rosto; então estendeu as mãos em direção ao futuro. Feliz, o rapaz nos olhou sorrindo e se foi com preciosa recompensa do Pai.

Emocionamo-nos com a situação que observamos, com a paciência, a tolerância e o amor contidos no trabalho que se realizava ali.

– Venham, vamos continuar nosso caminho – convidou Patrício.

– E os moradores do núcleo mais organizado? – perguntei.

– O sistema de organização desta comunidade funciona em castas. No palácio mora o rei supremo, ou comandante supremo, como ele exige ser nomeado. Junto a ele estão os conselheiros, que atuam como ministros de setores específicos; o mais importante de todos é o da Guerra, pois ele escolhe os soldados, treina-os e cria projetos estratégicos de ataques a outras falanges umbralinas rivais e a grupos determinados que comandam a sociedade dos encarnados.

SEMPRE HÁ TEMPO

Muitos chefes de estado, chefes religiosos etc. têm sua origem nestas comunidades.

– Eles têm um setor reencarnacionista? – perguntei admirado.

– Têm sim, e o rei supremo sabe da interferência que existe do Plano Maior nestas encarnações; mas ele permite isso, tratando o assunto como se fosse um jogo de forças.

– Você mencionou "nestas comunidades". Este aglomerado não é único? – perguntei, bastante preocupado com as informações que recebia.

– Não, esse é apenas um de vários. A organização se intitula Comunidade Educacional das Trevas. Você se lembra de trabalho que realizou junto a uma dessas? – perguntou Patrício, olhando para Vinícius.

– Mas... ela foi erradicada e hoje é o local de um grande e amoroso educandário. Inclusive seu comandante, Tibério[1], encontra-se por lá estudando e já pede exercitar o conhecimento que se transforma em seu íntimo – respondeu Vinícius admirado.

– Ele não era o único, embora, quando houve a transformação da comunidade, como aconteceu, houve também um enfraquecimento das forças umbralinas em relação aos projetos educacionais do mundo material. Foi quando o rei supremo, que não está restrito a uma única comunidade, aliou-se aos Dragões das Trevas, fundando vários núcleos semelhantes ao inicial.

– Ineque me falou algo a respeito, inclusive nos alertou sobre a necessidade de trabalharmos junto a essas comunidades em breve, mas não pensei em tal magnitude em relação ao projeto deles – respondeu Vinícius surpreso.

– Assim como nós, eles aprendem com suas falhas, mas, como todo projeto das trevas não tem base sólida, esse deve ser nosso ponto de referência sempre.

– E quanto ao rei supremo, como ele transita entre essas comunidades? – perguntei ao amigo Patrício.

---

[1] Personagem do livro *Comunidade Educacional das Trevas*.

– Em cada um dos núcleos há uma praça igual a essa que observamos, e o palácio, que é sua moradia, desloca-se de um lugar a outro. As equipes que o cercam são diferentes em cada cidadela, mas os propósitos são os mesmos. Eles atuam na área da educação, enquanto os Dragões se encarregam das figuras públicas proeminentes da sociedade encarnada.

– E os projetos reencarnacionistas, também relacionam-se às atividades que realizam? – Vinícius perguntou.

– Nem sempre. Eles têm um acordo de auxílio mútuo, apesar de os núcleos educacionais abrigarem esse setor, que fica sob a tutela dos Dragões. Venham, vamos visitar um dos palacetes onde mora um dos comandantes responsáveis pela segurança do local.

CAPÍTULO 15

Desequilíbrios

O palacete era rodeado por um fosso malcheiroso, onde criaturas milenares chafurdavam na lama da ignorância. Ouvíamos lamentos e xingamentos, e apiedamo-nos desses irmãos aprisionados em suas dores.

Uma entidade se aproximou e nos convidou a atravessar uma pequena ponte que nos separava do imóvel. No meio do caminho, Ana nos convidou mentalmente a uma prece intercessória por aquelas criaturas, e doce luminosidade alcançou o fosso. Percebemos que os lamentos diminuíram e os xingamentos cessaram. Pudemos observar também que luminoso feixe de luz se elevou aos céus em direção a uma casa transitória, levando ao reduto de socorro duas criaturas abençoadas.

A criatura que nos assessorava olhava indiferente para a cena emocionante.

Adentramos a moradia, que era mobiliada espartanamente, mas de modo a dar conforto ao seu dono.

O local comportava uma sala e um quarto pessoal bem montado, mas o amplo espaço era ocupado pelos comandados. Uma porção bastante generosa dele continha salas de aula com aparelhos necessários ao processo de educação daquela comunidade.

No andar superior havia um grande salão destinado ao treinamento bélico dos soldados. Naquele momento, estava repleto de criaturas enraivecidas que lutavam entre si de maneira sangrenta, instruídas por figura semelhante à forma de um duende.

— Vocês já observaram o que queriam, agora é hora de se retirarem — ordenou nosso cicerone.

Saímos do grande prédio, que nos parecia maior após a visita.

— Patrício, temos autorização do rei supremo para visitarmos todo o núcleo? Por que essa concessão? — perguntei, admirado pela liberdade que tínhamos de caminhar por aquelas paragens.

— Ele nos deu salvo-conduto, como é nomeado por aqui. Nem todos podem entrar, mas ele nos deu a liberdade de

SEMPRE HÁ TEMPO

distribuir essas benesses entre nossos trabalhadores e, vez ou outra, permite-nos esse tipo de excursão. Ele não nos teme; crê sem sombra de dúvida no mal que domina as criaturas e se vê como enviado de Deus para nos educar. Acredita também que somente a guerra é a resposta certa aos conflitos sociais e morais.

– E o que Hugo, Val e as crianças têm com tudo isso? Qual é o motivo da perseguição a eles?

– Hugo é antigo seguidor dos Dragões, e as crianças, em um passado remoto, foram suas vítimas, principalmente Manuel. Em encarnação pretérita, seu planejamento foi feito junto a essa comunidade, que recebia outro nome, e sua função era chegar a altos escalões do clero e implantar ali um governo de dor e vingança; mas ele conheceu Val, um cavalariço que cuidava de seu animal de estimação. Algum tempo depois, promoveu-o a seu valete, e nasceu dessa relação um amor duradouro e bondoso. Val transformou o pensamento do companheiro, que passou a questionar a forma como a Igreja Católica conduzia a palavra de Deus; era a época da Inquisição Espanhola.

"Certo dia, Val apareceu com algumas crianças que tinham ficado órfãs, pois seus pais foram queimados nas fogueiras da dor, e os escondeu, uma vez que esse também fora seu destino um dia.

"No início, Hugo relutou e discutiu com ele; não concordava mais com os abusos cometidos em nome de um deus punitivo, mas também não queria se expor por causa de miseráveis que nem mesmo conhecia; porém, acabou cedendo aos anseios do companheiro.

"Alguns anos se foram e as crianças cresceram. Ninguém sabia da existência delas, pois eles as tinham escondido em uma cabana no meio da floresta de Guadarrama. Um dia, a guarda de Torquemada veio buscar Val, pois havia denúncias a respeito de crianças que ele mantinha escondidas. Prenderam-no e ameaçaram matá-lo. Apesar das súplicas do moço, Hugo entregou os pequenos ao inquisidor, que mandou fechá-los na cabana e atear fogo a ela.

"Manuel fugiu em meio às chamas; estava muito queimado. Val o socorreu, tratou de suas queimaduras e abandonou Hugo, decepcionado com sua atitude. O moço se voltou contra a criança com ódio feroz; vivia de tocaia, esperando o momento de se vingar.

"Até que um dia Val saiu para caçar, e Hugo entrou na pequena casa e encontrou o menino deitado em um catre limpo e simples. Enraivecido, tomou uma faca na mão e a desfechou no coração da criança.

Ao voltar à casa, Val encontrou seu pupilo morto e esquartejado. Enlouquecido pela dor, após sua morte, vagou durante anos por aquelas paragens, seguido de Manuel."

– Então é uma vingança pessoal. Não tem nada com preconceito? – falei admirado.

– O preconceito é usado por eles apenas como arma de ataque. Eles influenciam as pessoas ao redor de nossos amigos, trazendo insegurança e sofrimento, e dessa forma criando oportunidades para invadir a mente deles.

– Daí a importância do "orai e vigiai", de nos educarmos para entender o movimento da vida e amar a todos indistintamente, perdoando o que não podemos entender no comportamento do outro – falou Vinícius introspectivo.

– Um exercício de alteridade, que não é fácil, pois pressupõe o equilíbrio de nossas emoções com a racionalidade – completou Ana.

– E devemos lembrar que ser racional não elimina a amorosidade, pois há uma confusão muito significativa a ser entendida a esse respeito – contribuí com a conversa.

– Exatamente, Maurício. No dia em que formos privados da emoção, sobrarão apenas a frieza e a indiferença, outra face de uma moeda desnecessária , pois no caminho reto do bem não há exclusão de nada, apenas o caminho da partilha amorosa – falou Patrício, continuando em seguida: – Precisamos

SEMPRE HÁ TEMPO

voltar ao posto de socorro. Nosso tempo para permanecer-mos aqui terminou.

Dirigimo-nos ao posto de socorro, sendo recebidos com carinho. Aconselharam-nos a um descanso merecido em uma pequena e agradável sala montada no centro de um belo jardim de flores e árvores frutíferas.

Algumas horas se passaram, e Patrício veio nos informar que o rei supremo nos convocava para uma reunião, tendo exigido a presença de Vinícius. Recebemos instruções de como deveríamos nos comportar. Quando atingimos o caminho para a entrada da cidadela, Ineque se juntou a nós. Cumprimentou-nos feliz, enfatizando a alegria de podermos conversar com tal criatura divina. Sorri da maneira como o amigo se referia ao rei supremo, antevendo o intuito de nos lembrarmos sobre a verdade dos necessitados, relativa ao entendimento moral do momento que vivencia.

Ineque nos abraçou e falou com genuíno amor:

– Vamos, meus amigos queridos, hoje é um dia glorioso.

Hugo recebeu alta médica e voltou para casa; mas estava muito preocupado com as crianças, que tinham sido expostas de maneira violenta e desrespeitosa. Sentiam-se, assim, ressentidas e amedrontadas.

A família se uniu em torno dos pequenos, recebendo o apoio de amigos e tendo Silvio como responsável por tratar da parte legal do acontecido.

– Como eles estão, Val?

– Com muito medo, Hugo! Manuel e Carlos não dormiram a noite toda, e, quando cochilavam, choravam baixinho. Estou com o coração partido por vê-los assim.

– Deveria estar em casa com eles.

– Você foi ferido e precisava ficar em observação. O abdome é um local bastante frágil; poderia ter ferido algum órgão e tido hemorragias. Sabe disso, não sabe?

– Sei sim, desculpe. Mas estou bastante revoltado com tudo isso. Não estamos fazendo mal a ninguém; cuidamos da nossa vida com dignidade e amor. Recolhemos essas crianças porque as amamos e queremos que tenham uma vida melhor, com possibilidades incríveis de realização. Por que essa perseguição?

– Isso acontece porque as pessoas têm muito medo de sair de sua concha e, no final, observar a própria vida por comparação. Há muito medo por aí de assumir compromissos, principalmente para aqueles que temem contrariar às pretensas verdades sociais.

– Isso é problema de cada um. As pessoas deveriam ter bom senso e permitir que cada ser vivesse aquilo de que dá conta, da forma que considera correta. Estamos aqui para aprender a amar, perdoar e respeitar por meio da paciência e tolerância.

– Você fala sobre sentimentos elevados. Mas quantos sobre esta terra bendita são capazes de fazer esses questionamentos?

– Então não nos deixarão em paz nunca porque professamos um amor que vai além das permissões limitadas de uma sociedade doente? Em nossa casa há amor e respeito por todos! O que há de errado nisso, se esse amor é bondoso e produz bons frutos?

Val segurou a mão de seu companheiro e falou com carinho:

– Meu bem, e quem nos disse que seria fácil? Mas acredito que será sempre possível!

Hugo fechou os olhos, e grossas lágrimas escorreram por seu rosto delicado. Emocionado, falou:

– Tem dia que eu gostaria de ser apenas normal.

– Normal? Não, talvez você queira dizer "aceito", por conta das diversidades que vivemos por aqui. Mas será que realmente precisamos do aplauso de quem não nos entende? Para obter isso devemos renunciar a quem somos de verdade?

– Há muitas questões que teremos de responder a nós mesmos, não é?

– É sim, mas temos crianças sob nossa tutela, filhos que amamos além de nossa personalidade, e devemos nos ater a

SEMPRE HÁ TEMPO

ensiná-los a viver felizes com eles mesmos. Mas como faremos isso se não desenvolvermos esse sentimento em relação a nós?

Hugo olhou com carinho para o companheiro e falou mansamente:

– Se as relações homossexuais fossem apenas interpessoais, platônicas, desprovidas de sexualidade, acho que a sociedade nos deixaria em paz. Tenho certeza de que é essa manifestação que os incomoda tanto.

– As manifestações amorosas por meio do sexo também são parte dos relacionamentos. Ainda somos mais matéria do que espírito, não é assim? E, nos respeitando como companheiros que se amam e crescem em direção à boa moral, não vejo o que nos diminuiria perante Deus. O preconceito daquele que não entende isso é a verdadeira doença, principalmente quando surge para desconstruir algo bom e puro.

Eles continuaram a conversar. Hugo se sentia melhor, como sempre acontecia na presença de seu amor, que tanto bem lhe fazia. Então, dirigimo-nos a sua casa, na intenção de observar o estado emocional das crianças.

Carlos estava acomodado no sofá, a cabeça no colo de dona Maria, que cochilava com a cabeça apoiada no encosto.

Marina cuidava da pequena Grace, que se mostrava chorosa e triste; percebemos que, apesar de não estar presente na escola quando os fatos se deram, ela sentia que algo estava errado.

Manuel estava no colo de Guto, e Manuela no colo de Ester; seus pais, Basílio e Cristina, cuidavam da pequena Leonora.

Vera, mãe de Hugo, e Caio chegaram a casa trazendo pães e algumas guloseimas para o café da manhã.

Os rapazes chegaram ao condomínio e logo na porta de casa foram abraçados por dona Iracema e o senhor Esteves, que, inconformados com a violência sofrida por eles, queriam demonstrar seu carinho e apoio. Todos entraram, e logo a mesa para o desjejum estava colocada com capricho.

Eliane Macarini ditado por Maurício

A conversa entre esses amigos verdadeiros transcorreu de maneira harmônica e produtiva, e algumas decisões foram tomadas por todos.

Os pais de Val e Guto chegaram com novidades.

– Bom dia, crianças! Temos uma excelente notícia: Cris e Silvio estiveram em nossa casa ontem à noite. A escola se manifestou nas redes sociais, falando sobre o ocorrido, e hoje Silvio fará uma denúncia pública sobre os últimos acontecimentos. Precisamos apenas que se posicionem sobre qual será nossa decisão – falou Carlota, mãe de Val e Guto.

– Acredito ser necessário que tomemos algumas medidas para conter esse tipo de manifestação perniciosa, principalmente com relação a crianças; mas não quero processar ninguém legalmente. Ontem, percebi que a moça que desencadeou toda essa triste história tem problemas psiquiátricos graves. Gostaria apenas que Silvio exigisse da família que ela fosse tratada, inclusive, se necessário, com uma internação inicial. Ela tem uma filha, e a criança deve estar apavorada com o comportamento da mãe – falou Val.

– Quando voltávamos para casa, decidimos isso. O marido dela nos pareceu bastante equilibrado e muito temeroso pelo destino da filha. Ele foi nos visitar no hospital e não sabia como se desculpar pelo acontecido. Na realidade pelo destino da outra criança, uma menina – completou Hugo.

– Mas as manifestações públicas serão necessárias, vocês não acham? – perguntou Jorge, pai de Val e Guto.

– Não sei! Precisamos pensar a respeito. Tornar isso mais público do que já está não seria expor ainda mais as crianças? E os papéis da adoção ainda não estão concluídos totalmente; isso não prejudicaria o processo? – Ester levantou a hipótese.

– Ester tem razão. Quanto à escola, eles devem, sim, esclarecer os pais sobre o que aconteceu, afinal, trata-se de uma relação de confiança; mas nós irmos a público acredito que acabará gerando uma grande polêmica, e isso nunca traz equilíbrio para a situação – opinou Guto.

SEMPRE HÁ TEMPO

– E a escola das crianças? – perguntou dona Iracema.

– Por alguns dias eles ficarão em casa. Cris nos manterá informados sobre as matérias ministradas para a sala de Carlos; quanto a Manuel e Manuela, estão mais livres; trataremos de fortalecê-los com carinho e confiança na família. Na próxima semana, voltarão à vida escolar. Até lá, esperamos que o assunto já esteja em estado terminal – informou Val.

– Estou com um pouco de dor; acho que vou deitar um pouco e dormir. Quero estar bem quando as crianças acordarem – falou Hugo.

– Durma sossegado, meu filho – aconselhou dona Maria. – Eles devem dormir até perto da hora do almoço, pois não dormiram a noite toda.

CAPÍTULO 16

Enfrentamentos

Uma semana se passou desde o triste e desarmônico acontecimento que tanto magoou nossos amigos.

No condomínio onde moravam, as coisas começaram a ficar tensas. Depois da violência sofrida na porta da escola, Val e Hugo percebiam que as pessoas evitavam a presença deles e das crianças.

Certo dia, dona Maria e Marina levaram os meninos para brincar na praça central, que oferecia aos moradores um lindo parquinho, e as babás e mães que estavam por lá foram se afastando e voltando para suas casas. Uma criança se aproximou de Manuel, mas foi rapidamente afastada pela mãe, que disse em alto e bom som:

– Lembre-se do que falei a você: não nos misturamos com gente assim.

A criança ainda quis retrucar, mas foi puxada com agressividade e levada embora aos prantos, dizendo que queria brincar com seu amigo.

Apesar da pouca idade, Manuel, acostumado a ser tratado com repulsa por outras pessoas, baixou os olhos e desabou em um pranto sentido.

– Vó Maria, eles não gostam de mim porque sou um mendigo.

– Oh, meu amor! Não é não; ela apenas estava brava com ela mesma, e não com você, que é uma criança maravilhosa e muito amada.

Carlos se aproximou e, segurando a mão de Manuela, falou baixinho:

– Vó Maria, é melhor irmos para casa e fechar as portas, assim essas pessoas não poderão entrar. Na nossa casa estamos em segurança. Vamos embora!

Eles voltaram para casa e puseram Val e Hugo cientes do assunto.

– Val, precisamos pensar seriamente em nos mudar daqui.

– Hugo, não importa o lugar aonde vamos viver; se cedermos a essa pressão, estaremos nos mudando a todo instante. Precisamos encontrar uma forma de nos fazer respeitar.

– Mas como podemos mudar a cabeça das pessoas que não nos querem deixar em paz? Esse seu otimismo está me

SEMPRE HÁ TEMPO

irritando. Não percebe que não podemos enfrentar todos eles? A segurança das crianças está em jogo.

— E o que você nos aconselha a fazer: ficarmos isolados do mundo, fugindo dos problemas?

— Se for necessário, não me importo.

— Mas eu me importo; nossos filhos precisam da vida social. E hoje voltam à escola, lembre-se disso. Cris disse que está tudo sob controle.

— Isso é o que ela diz, mas fica sob sua responsabilidade. Se algo acontecer, já sabe quem é o culpado.

Val respirou fundo, controlou-se e falou em um tom mais ameno:

— Você começa no consultório hoje?

— Você sabe que sim. Tenho agenda cheia, então estou indo. Como está de folga, leve as crianças pessoalmente e fique lá na escola por um tempo, para ter certeza de que está tudo bem.

Hugo saiu sem se despedir de Val. Este, preocupado, conversou com Ester, e resolveram pedir a ajuda de Sandra, trabalhadora da Casa Espírita Caminheiros de Jesus. A médium se comprometeu a visitá-los no período da tarde.

Val levou as crianças à escola, e estas se mostraram inseguras e chorosas, mas Cris e as professoras logo as conquistaram, e foram recebidas pelos amigos com muito carinho.

— Cris, estou enganado ou a escola está com menos alunos? — perguntou Val.

— Está tudo bem, Val! Perdemos alguns alunos, mas outros virão. Hoje mesmo temos dois casais que trarão seus filhos para cá.

— Isso não está certo!

— Está sim, meu amigo. Nunca vou permitir que pessoas preconceituosas e maldosas definam o que sou ou o meu trabalho junto às crianças. Os que permaneceram é porque têm pais que são do bem, então está tudo certo sim.

Val agradecido abraçou-a e voltou para casa. Sandra deveria chegar em breve.

Eliane Macarini ditado por Maurício

Quando Sandra chegou, Ester e Val passaram a conversar sobre os últimos acontecimentos. A moça os convidou à leitura de *O Evangelho segundo o Espiritismo*:

Poder da Fé

1 – *E, depois que veio para onde estava a gente, chegou a ele um homem que, posto de joelhos, lhe dizia: Senhor, tem compaixão de meu filho, que é lunático e padece muito; porque muitas vezes cai no fogo, e muitas na água. E tenho-o apresentado a teus discípulos, e eles o não puderam curar. E respondendo Jesus, disse: Ó geração incrédula e perversa, até quando hei de estar convosco, até quando vos hei de sofrer? Trazei-mo cá. E Jesus o abençoou, e saiu dele o demônio, e desde aquela hora ficou o moço curado. Então se chegaram os discípulos a Jesus em particular e lhe disseram: Por que não pudemos nós lançá-lo fora? Jesus lhes disse: Por causa da vossa pouca fé. Porque na verdade vos digo que, se tiverdes fé como um grão de mostarda, direis a este monte: Passa daqui para acolá, e ele há de passar, e nada vos será impossível.* (Mateus, XVII: 14-19.)

2 – É certo que, no bom sentido, a confiança nas próprias forças torna-nos capazes de realizar coisas materiais que não podemos fazer quando duvidamos de nós mesmos. Mas, então, é somente no seu sentido moral que devemos entender estas palavras. As montanhas que a fé transporta são as dificuldades, as resistências, a má vontade, em uma palavra, aquilo que encontramos entre os homens, mesmo quando se trata das melhores coisas. Os preconceitos da rotina, o interesse material, o egoísmo, a cegueira do fanatismo, as paixões orgulhosas são outras tantas montanhas que atravancam o caminho dos que trabalham para o progresso da humanidade. A fé robusta confere a perseverança, a energia e os recursos necessários para a vitória sobre os obstáculos, tanto nas pequenas quanto nas grandes coisas. A fé vacilante produz a incerteza, a hesitação, de que se aproveitam os adversários que devemos combater; ela nem sequer procura os meios de vencer, porque não crê na possibilidade de vitória.

3 – Noutra acepção, considera-se fé a confiança que se deposita na realização de determinada coisa, a certeza de atingir um objetivo. Nesse caso, ela confere uma espécie de lucidez, que faz antever pelo pensamento os fins que se têm em vista e os

SEMPRE HÁ TEMPO

meios de atingi-los, de maneira que aquele que a possui avança, por assim dizer, infalivelmente. Num e noutro caso, ela pode fazer que se realizem grandes coisas

A fé verdadeira é sempre calma. Confere a paciência que sabe esperar, porque, estando apoiada na inteligência e na compreensão das coisas, tem a certeza de chegar ao fim. A fé insegura sente a própria fraqueza e, quando estimulada pelo interesse, torna-se furiosa e acredita poder suprir a força com a violência. A calma na luta é sempre um sinal de força e de confiança, enquanto a violência, pelo contrário, é prova de fraqueza e de falta de confiança em si mesmo.

4 – Necessário guardar-se de confundir a fé com a presunção. A verdadeira fé se alia à humildade. Aquele que a possui deposita a sua confiança em Deus, mais do quem em si mesmo, pois sabe que, simples instrumento da vontade de Deus, nada pode sem Ele. E por isso que os Bons Espíritos vêm em seu auxílio. A presunção é menos fé do que orgulho, e o orgulho é sempre castigado, cedo ou tarde, pela decepção e os malogros que lhe são infligidos.

5 – O poder da fé tem aplicação direta e especial na ação magnética. Graças a ela, o homem age sobre o fluido, agente universal, modifica-lhe a qualidade e lhe dá impulso por assim dizer irresistível. Eis por que aquele que alia, a um grande poder fluídico normal, uma fé ardente pode operar, unicamente pela sua vontade dirigida para o bem, esses estranhos fenômenos de cura e de outra natureza, que antigamente eram considerados prodígios, e que entretanto não passam de consequências de uma lei natural. Essa a razão por que Jesus disse aos seus apóstolos: Se não conseguistes curar, foi por causa de vossa pouca fé.

Sandra, desdobrada, observava o local e logo localizou densa energia que tentava romper o cerco de luz que os protegia.

Aproximou-se da entidade e perguntou baixinho:

— Por que tanto sofrimento? Por que tanta solidão?

— Não me questione, mulher. Sei quem você é; não tem moral para conversar comigo, um servo de Deus na Terra — respondeu o homem com sarcasmo.

– Então, peço que me dê o privilégio de ouvir suas razões.

– Não me justifico perante os impuros. Não percebe que creio em minhas razões?

– Então não precisa temer expô-las com lucidez e lógica.

– Basta citar palavras de Jesus: "Quem com ferro fere, com ferro será ferido".

– Lindas palavras de nosso amado mestre Jesus.

– Então por que me questiona?

– Porque as entendo de forma diferente. Ele não nos incentivou à vingança, mas sim nos alertou sobre a bendita lei de ação e reação. Não significa que de uma forma ou de outra o ofensor deve sofrer ou pagar sua ofensa da mesma maneira, pois isso alimenta a ideia da dor e do desequilíbrio. O melhor modo de resgatar a boa consciência é por meio do trabalho cristão, aprendendo a perdoar e ser perdoado.

– Não tente me convencer daquilo que não creio.

– A Justiça Divina é perfeita, reta e qualitativa, meu amigo, e ficando evidenciada na fala de Jesus: "A cada um segundo suas obras". A impunidade aparente somente acontece no mundo dos cegos da alma, mas males praticados deverão ser resgatados de um modo bondoso; assim se caminha para o preceito da lei de Deus: "Ama ao próximo como a ti mesmo".

– Você se engana. A lei de Deus nos diz que devemos amar a Deus sobre todas as coisas; essa a primeira função de seus seguidores.

– E como podemos amar o Criador sem amar sua criatura?

Ele olhou a médium e falou irado:

– Volte ao seu corpo podre e à insignificância de suas crenças.

Voltou-se em direção à rua e se foi envolto em densa nuvem de dor e sofrimento.

Agradecemos a oportunidade de poder conversar com o irmão preso à própria escuridão e a presença de nossa amável companheira de trabalho.

Fiquei observando Sandra, que, com muita naturalidade, voltou ao corpo material, enquanto a leitura de *O Evangelho*

SEMPRE HÁ TEMPO

segundo o Espiritismo se desenrolava em harmonia. Após a leitura da excelente lição, eles passaram a comentar seu conteúdo único.

Olhei para Vinícius com gratidão e comentei:

– Você trabalha com Sandra há bastante tempo?

– Há pouco mais de vinte anos, procurava uma companheira encarnada para o exercício da psicografia, quando Ineque me levou à Casa Espírita Caminheiros de Jesus. Era um trabalho bastante simples de psicografia, apenas treinamento; já havia delineado o projeto que executamos, mas a ideia ainda não estava bem definida, e precisava encontrar um médium com o qual houvesse sintonia vibratória suficiente para o trabalho. Observei a médium e logo uma forte afinidade nos uniu. Aproximei-me de seu campo vibratório e senti genuína alegria por estar ali. Depois desse dia, tivemos anos para exercitar e encontrar uma maneira de transformar essa convivência produtiva em aprendizado e trabalho.

– Ela tem uma história muito bonita de vida, não é?

– Tem sim, e bastante sofrida também, sendo sempre uma estranha entre os seus. Mas isso não a desanima; ela conseguiu tornar essa situação um instrumento evolutivo.

Ineque se aproximou de nós e falou sorrindo:

– Temos algum tempo antes das próximas providências neste atendimento fraterno; podemos dedicá-lo a contar uma pequena parte da história de nossa querida colaboradora, Sandra. Vamos nos deslocar ao mirante da cidade; é o horário da prece do anoitecer, um espetáculo que sempre encanta a todos.

Concordamos com a proposta de Ineque e logo estávamos no Bosque Municipal da cidade de Ribeirão Preto, no Mirante do Jardim Japonês.

CAPÍTULO 17

A história de Sandra

Uma paisagem mágica se descortinou aos nossos olhos, o ar límpido, a energia confortadora e a união de mentes em prece criando um momento único.

Emocionados, aproximamo-nos da vida com intensidade indescritível; senti que o mundo era bom, que precisávamos apenas descobrir como manifestar essa bondade. Assim, a esperança nos envolveu, e a felicidade podia até mesmo ser vislumbrada em um futuro próximo.

Ineque começou a descrever suas impressões pessoais a respeito de Sandra:

– Trata-se de uma criatura já próxima da bondade, que ainda vive conflitos importantes, mas que consegue, de um modo bem peculiar, fazer escolhas mais felizes, mais hoje do que ontem. No início desta encarnação, era uma criança solitária, apesar de muito ativa, e seu coração era melancólico e inseguro. A convivência com o mundo dos espíritos sempre lhe foi muito natural; a dupla vista, um fenômeno bastante intenso nela, foi uma ferramenta de estabilidade emocional. Apesar da tenra idade do corpo material, de estar restrita em sua movimentação pela densidade da forma humana, ela nos ouvia de maneira clara e lúcida. Um diferencial em toda a sua experiência foi sua avó materna, que a direcionou e auxiliou bastante, esclarecendo e plantando esperança em sua mente.

– Você a conhece há bastante tempo? Não sabia desse fato – comentou Vinícius.

– Há muitos séculos, estivemos juntos em várias oportunidades como espíritos encarnados. Nossa amiga possui uma inteligência arguta que, em determinado momento, foi mal direcionada, devido a traumas e dores inenarráveis. Ela nunca pediu favores nem que suas experiências fossem minimizadas. Apesar da consciência entre o bem e o mal, ainda cede, não raras vezes, à revolta, que a desequilibra, mas já consegue pedir ajuda, um fato que há pouco tempo não acontecia.

– Por orgulho? – perguntei ao amigo.

SEMPRE HÁ TEMPO

— Podemos dizer que sim, mas esse orgulho está vinculado ao fato de que não quer levar sofrimento nem dar trabalho aos outros, e não ao temor de ser considerada fraca ou incapaz; então se cala. Se observarem seus olhos, que são muito expressivos, podemos reconhecer ali um traço indescritível de solidão e melancolia.

— Ela sofre? — perguntei sentindo certa agonia.

— Um sofrimento reflexivo, que é transformado em força motriz, a impulsioná-la e fortalecê-la. Quem convive com Sandra, a mulher do dia a dia, sabe que sua vida não é fácil; seu movimento é constante e raras vezes tem tempo para si. Não é incomum perceber que sofre dores físicas e se cala, porque é necessário socorrer alguém.

— Isso é altruísmo? — indaguei admirado.

— Necessidade, ainda necessidade. O altruísmo está intrinsecamente ligado à disposição de auxiliar ao próximo de forma espontânea, sem pensar em recompensas nem retorno de qualquer tipo. Ela está aqui para aprender a direcionar esse sentimento, que já existe em seu íntimo, mas que precisa ser educado da maneira correta, de um modo positivista, evitando assim os instintos relacionados ao egoísmo.

— Atualmente ela ainda sente essa solidão da infância? — perguntou Maurício.

— Hoje está melhor. Ela tem muitos amigos verdadeiros, que realmente a admiram e amam, mas sua visão de mundo está além do ordinário. Sua compreensão, da própria Doutrina dos Espíritos, incomoda muitas pessoas, que se ressentem disso, pois veem como uma forma de cobrança a si mesmas, e, quando acontece um pensamento reflexivo e comparativo, muitos se irritam e passam a experimentar em relação a ela certo sentimento antagônico e mesmo maldoso. Sandra é muito sensível, uma característica que deriva de seu desdobramento natural. Por isso, ela sente tudo de forma muito intensa, e devemos lembrar que está encarnada, portanto, apesar da compreensão desse movimento como natural, ela sofre sim.

– Em silêncio, não é? – perguntou Maurício.

– Ela confia em algumas poucas pessoas incondicionalmente, que são suas confidentes, sua força em momentos difíceis; mas o movimento principal de colocar cada situação no devido ponto de equilíbrio sempre é feito por ela. Isso a cansa, e ela precisa de um tempo de reflexão, então se cala.

– E nas outras encarnações, foi assim também? – indagou Ana.

– Foi semelhante. Ela tem melhorado bastante sua impulsividade; quanto a sua postura como espírito, nunca fugiu de bendito compromisso mediúnico, o que lhe facultou no passado vivências dolorosas e de muita responsabilidade.

– Daí sua facilidade em se mover entre os dois mundos com tanta naturalidade, não é assim? – perguntou Vinícius.

– O aprendizado é sempre cumulativo e faz parte de nossa evolução. Sandra leva isso muito a sério.

– Educação como ferramenta de evolução, eis a minha crença. Acredito que nosso trabalho flui de maneira harmônica porque acreditamos nesse fato com bastante seriedade – comentou Vinícius.

– A vida de nossa amiga daria uma história a ser contada, não é? – perguntei feliz.

– Ela já a conta em nossas histórias, afinal, quando não está desdobrada em trabalhos socorristas, está sempre auxiliando alguém, e essas histórias fazem parte de nossa literatura espiritista – esclareceu Ineque.

– E qual é o grau evolutivo moral que ela manifesta? – perguntou Ana.

Ineque deu uma sonora gargalhada e respondeu com bom humor:

– Muito aquém do necessário, minha amiga, muito aquém, assim como acontece com nós por aqui, em questionamentos sérios e manifestações dúbias. Ela não é perfeita e nem está próxima disso, viverá em breve intensos momentos de solidão e dor, por conta de algumas atitudes que vem tomando, mas

SEMPRE HÁ TEMPO

está aprendendo. Esses momentos são importantes para ela, de uma forma que poucos entendem.

– Ainda assim, tão precário? – perguntei sorrindo do bom humor do amigo.

– Ainda, meu jovem, ainda! Mas... estamos a caminho, e é isso que importa: vivermos conflitos pessoais importantes que nos levarão a um futuro melhor.

– Uma curiosidade: Sandra viveu na terrível era da escuridão manifestando mediunidade intensa e facilidade de transitar entre os mundos, não é? Nessa encarnação vocês estiveram juntos?

– Estivemos sim, apesar de estarmos em lados diferentes: eu como bispo da Igreja Católica Apostólica Romana, e ela como líder de um grupo de médiuns, que na época eram tratados como elementos da escuridão, pois praticavam bruxarias. Mas nós nos respeitávamos. Houve várias ocasiões em que nos auxiliamos, e ela me ajudou a me livrar de doenças terríveis do corpo material, enquanto eu a protegi das sombras da Inquisição em várias ocasiões. Éramos amigos, mas ainda não sabíamos muito sobre respeito e fidelidade – falou Ineque com lágrimas nos olhos.

– Poderia nos contar mais sobre isso? – perguntou Vinícius.

– Nosso relacionamento era de amigos e cúmplices em muitas coisas; conversávamos bastante, mas sempre às escondidas. Eu era responsável por uma comunidade que se desenvolveu ao redor de um castelo na Espanha; ela era membro de uma comunidade cigana. Tudo corria bem, sem maiores comprometimentos para os dois, uma vez que ninguém sabia de nosso relacionamento. Sempre nos encontrávamos nos corredores secretos que levavam aos fossos. Pedia a ela insistentemente que não se expusesse de forma alguma, pois os inquisidores estavam ativos, e em breve receberíamos a visita do carrasco Torquemada e seu séquito ávido por sangue pagão. Ela ria e dizia saber qual era seu destino e que estava preparada para ele; olhava para mim e dizia que ainda dava tempo de não ser como Judas. Eu não

Eliane Macarini ditado por Maurício

entendia o que ela falava, mas era um alerta, embora nada estivesse escrito em definitivo, pois mudamos as linhas de nossa história com nossas escolhas a cada segundo.

– Você a traiu? – perguntei admirado.

– Calma, meu jovem! A história é mais complexa do que isso. Um dia, ela não veio ao nosso encontro; era a primeira vez em muitos anos que faltava a um compromisso comigo. Senti medo de nunca mais vê-la, mas me calei e não fui buscar informação sobre seu paradeiro. Na semana seguinte, ela apareceu, mas percebi que tinha um brilho diferente nos olhos; até mesmo a maneira como se movimentava estava diferente: radiante, feliz. Perguntei a ela sobre sua ausência; ela sorriu e disse que esperava uma criança, e que seu casamento com um cigano havia acontecido bem no dia de nosso encontro.

"Fiquei petrificado. Confesso que nunca imaginei que ela poderia ter uma vida longe de mim. Descobri que tinha a seu respeito um sentimento de posse. Eu a esbofeteei e gritei muito com ela. Ela fugiu apavorada e durante meses não a vi mais. Desconsolado e desesperado pela saudade que sentia, ordenei a um pajem que me acompanhasse em uma cavalgada fora dos domínios castelanos. Atravessamos o pequeno rio que separava as terras do palácio e a área onde o acampamento cigano estava. Escondido entre os arbustos, encontrei-a abraçada a um jovem forte e muito bonito, que acariciava sua barriga. A gravidez estava bastante avançada.

"Saí dali revoltado e possuído de uma ira insana. Há uma semana Torquemada era nosso hóspede, então pedi uma audiência a ele. Eu os denunciei como feiticeiros, não houve sequer um julgamento. A sentença de morte pelo fogo foi lavrada ali mesmo, entre quatro paredes, por nós dois.

"Há uma semana Torquemada e seus seguidores da Inquisição buscavam hereges para servirem de exemplo à comunidade, que mais e mais descobria as práticas pagãs, falando sobre um Deus bom e justo, tão diferente daquele que

SEMPRE HÁ TEMPO

nos servia para direcionar massas, em um interesse terrível por riquezas e poder.

"Torquemada desconfiava de minhas razões pessoais e sabia ser um ato de maldade e vingança, mas isso não importou muito; dei a ele o que precisava naquele momento. E teria minha vingança; não permitiria a ela ser de outro homem ou mesmo gerar seu filho. Enfatizei ao carrasco repetidas vezes que ela era a líder dos bruxos e que tinha no ventre o filho do demônio que os controlava.

"A guarda invadiu o acampamento e aprisionou quarenta e uma pessoas. Foi uma noite de horror e dor. Na manhã seguinte, todos estavam presos em estacas montadas na forma de V, rodeados de palha molhada em querosene. A ordem foi dada, e pude ver o triste espetáculo do balcão do castelo. Sentia o cheiro de carne queimada e ouvia os gritos ensurdecedores. Enlouqueci e vivi o resto de minha vida perseguido por essa imagem.

"Desencarnei, sofri muito, fui aprisionado, torturado, e vi meu corpo entre chamas milhares de vezes. Um dia eu a vi, e ela me estendeu a mão e me salvou da dor e da loucura. Entendi que o amor liberta e cura, apenas isso. Hoje, trabalhamos juntos, em apoio e auxílio mútuos. Às vezes, sou eu que estou do outro lado e ela me auxilia, como faço hoje."

– Meu amigo, que história linda de recuperação – comentou Vinícius.

– Na Casa Espírita Caminheiros de Jesus temos vários companheiros que atuam como médiuns ostensivos, outros aqui conosco no plano dos espíritos, e outros tantos ainda desequilibrados em busca de socorro; vez ou outra, temos a benesse divina de ver algum deles adentrar nossa casa. O trabalho apenas começou, mas anda evoluindo.

– Então, vamos lá, porque Patrício nos convoca para uma reunião.

CAPÍTULO 18

Abismo doloroso

A vida seguia para nossos atendidos. Alguns dias se passaram em uma calmaria necessária para que pudessem se refazer dos últimos acontecimentos traumáticos.

Hugo foi intimado a dar depoimento na delegacia onde a agressão sofrida foi registrada, e Silvio o acompanhou. O rapaz sentia forte desconforto no estômago; estava enjoado e tenso. Aproximamo-nos de seu campo vibratório e o auxiliamos a manter controle emocional suficiente para que não passasse mal. Apesar da aparente calmaria, não conseguia relaxar e se sentir seguro; a sensação que experimentava era de que precisava estar atento e vigilante, parecendo envolto em algo que o assustava.

Chegaram à delegacia, saíram do carro, e Hugo respirou fundo, tentando se controlar. Silvio, percebendo o desconforto do amigo, tocou em seu ombro e falou:

— Não esqueça que foi vítima na situação. Haja com naturalidade e apenas relate a verdade.

— Sei disso, meu amigo, mas isso não anda me confortando muito; sinto a sensação constante de perigo iminente. Apesar de tudo o que houve, sinto como se fosse culpado, como se tivesse provocado os acontecimentos violentos pelas escolhas que fiz na vida.

— Você tem direito ao livre-arbítrio, e vive sua vida de forma digna e respeitosa. O que dificulta o seu caminho é a interpretação das pessoas sobre quem você e Val são, feita superficialmente e sem conhecimento de causa. Levante os olhos aos céus e assimile sua origem divina, apenas isso. Faça o que acreditar ser correto, independentemente de julgamentos desequilibrados.

— Obrigado, Silvio. Mas vamos lá, vamos terminar logo com isso.

Foram encaminhados a uma pequena sala, onde uma senhora os aguardava. Assim que entraram, Hugo estremeceu; ele a conhecia de pesadelos terríveis que andava tendo nos últimos dias. Ela o olhou com sarcasmo e ordenou que sentassem.

SEMPRE HÁ TEMPO

Silvio percebeu o antagonismo da mulher que os atendia e solicitou que outra pessoa os recebesse. Ela os olhou com desfaçatez e falou:

– Não tem mais ninguém aqui para atender, só eu. Aliás, não entendo porque rejeita meu serviço.

Silvio a olhou nos olhos e falou com calma:

– Trabalho no setor da justiça há muito tempo, e sei quando algo está fora dos padrões necessários para o momento. Posso adiar nossa entrevista, se for o caso.

– Vocês é que sabem! – falou a mulher, levantando-se da cadeira com violência e empurrando-a para trás. Ela caiu, provocando um forte barulho.

Um rapaz que vinha passando parou à porta e perguntou:

– Há algo errado aqui, Soraia?

– Não, doutor, está tudo bem.

O rapaz os olhou e percebeu que algo além do que poderia ser dito estava acontecendo.

– Entregue a pasta deste caso, quero ver. – O delegado tomou os documentos nas mãos e falou com serenidade: – Pode deixar comigo, Soraia, eu mesmo vou atender.

A mulher, revoltada por ver seus propósitos agressivos serem frustrados, respondeu entredentes:

– O senhor é que sabe, mas isso não modifica o que ele é.

Silvio avançou em direção à mulher para alertá-la sobre seu comportamento, mas Hugo o deteve e falou mansamente:

– Não se preocupe, meu amigo. Eu sei quem sou, mas ela não. O que desconheço é por que se manifesta de forma tão agressiva se nem mesmo me conhece. Dona Soraia, que Deus a ilumine sempre; tenha um bom dia.

A mulher ficou a observar o grupo que se afastava. Sentindo forte mal-estar, cambaleou e caiu com um baque seco e doloroso.

Hugo se voltou e correu para auxiliá-la. Tirou da mochila um estetoscópio, um medidor de pressão, e passou a um exame clínico rápido. Sentiu que o enjoo se intensificava, e falou baixinho para Silvio:

Eliane Macarini ditado por Maurício

– Não tem nada clínico em desajuste; precisamos de oração.

Silvio rapidamente tomou o celular nas mãos, entrou em um grupo de orações por meio de um aplicativo e pediu auxílio. Em segundos, estavam rodeados pela espiritualidade melhor. O amigo que tanto sofria por sentimentos menos nobres os observava afastado; percebendo que não mais dominava a situação, saiu para a rua caminhando vagarosamente.

Dona Soraia foi voltando a si; auxiliada por amigos melhores, conseguiu encaixar o períspirito, sentindo-se melhor. Olhou para Hugo, que a examinava, e, envergonhada, fechou os olhos e respirou fundo.

– Está tudo bem, dona Soraia, está tudo bem. Venha e sente-se aqui, por favor. Alguém pode trazer um pouco de água com açúcar para ela? Ela está com hipoglicemia.

Aos poucos, a normalidade voltou à delegacia, e os amigos foram encaminhados à sala do delegado.

– Desculpem o que houve aqui. Tenho sérios problemas com essa funcionária, mas é concursada e está prestes a se aposentar; não quero provocar uma situação que vá prejudicá-la e não consigo transferência para outros departamentos. Pedi desde o início que seu caso fosse passado para outra pessoa; não sei como foi parar na mesa dela.

– Não se preocupe, doutor Olavo. Parece que Deus nos envia da forma e no momento certos para que possamos aprender e auxiliar no aprendizado do outro. Encare o que aconteceu como oportunidade de reflexão: mesmo que não vejamos resultados imediatos, já existe um conflito na cabecinha preconceituosa dessa senhora – falou Silvio.

O delegado fez algumas perguntas a Hugo, que as respondeu a contento e com serenidade. Por fim, o rapaz falou:

– Não quero denunciar o ocorrido. A família da moça que me agrediu já sofreu bastante, e ela é muito desequilibrada. Está internada e sendo tratada. Então, prefiro que pare por aqui.

– O Boletim de Ocorrência já foi feito, portanto haverá investigação e será aberto um processo contra a agressora.

SEMPRE HÁ TEMPO

Como há atenuantes psiquiátricas, provavelmente o juiz exigirá que ela faça tratamento médico e seja avaliada por psiquiatra do estado de tempos em tempos. Se me permite dar minha opinião, é necessário que os procedimentos legais sejam feitos, pois a única forma de ajudar essa pessoa é por meio de acompanhamento médico, psiquiátrico e psicológico. Exigindo-se isso, com certeza, haverá melhoras.

– Eu entendo, mas mesmo assim não quero agravar a situação para eles – respondeu Hugo.

– Está bem. Prometo acompanhar esse caso pessoalmente e fazer a minha parte para ajudar essa família – respondeu doutor Olavo.

Hugo saiu da delegacia e foi para o consultório; estava com a agenda cheia de pacientes para serem atendidos. Sorriu diante da ideia e pensou feliz: "A melhor coisa que fiz foi mudar a direção de minha carreira profissional; adoro trabalhar com crianças, e fico mais tempo com meus filhos. Também vai ser mais fácil me especializar na área de cirurgia pediátrica. Hoje é sábado, trabalho apenas até o meio-dia. Vamos almoçar em casa e depois podemos passear naquele parque novo da cidade; as crianças estão ansiosas para conhecê-lo.

Enquanto isso, Val estava em casa com as crianças; saíra de um plantão de trinta e seis horas na Emergência do hospital. Estava cansado, mas também feliz.

Pediu a dona Maria que arrumasse as crianças; queria dar uma volta a pé com eles pelo condomínio.

– Val, não faça isso, ainda não é seguro. Ouço o que as outras empregadas das casas comentam comigo e tem muita gente contrária a vocês. Temo uma ação mais violenta.

– Isso é bobagem, dona Maria. Não há mais perigo não; faz dias que está tudo normal.

Eliane Macarini ditado por Maurício

– Você tem certeza, menino? Sairá para a rua com quatro crianças indefesas, lembre-se disso!

– Está bem, vou brincar com eles no quintal. Carlos, pegue Grace e vamos para o quintal.

– Está bem, pai.

– Vá na frente, meu filho, vou colocar um tênis.

Carlos foi em direção ao quintal, mas com voz trêmula chamou por Val. O rapaz, percebeu que o menino estava apreensivo, correu para o fundo da casa, seguido de perto por dona Maria e Marina.

– Pai, quem fez esses desenhos feios no muro?

Estarrecidos, observaram desenhos, palavras e frases ofensivas e de baixo calão. Com lágrimas nos olhos, levaram as crianças para dentro de casa e, em choque, ficaram sem saber o que fazer.

Val tomou o telefone nas mãos e ligou para Guto.

– Por favor, venha aqui em casa.

Guto demorou alguns minutos, mas depois entrou na casa do irmão por um portão que haviam construído no quintal e que ligava as duas residências. Ele estava pálido e parecia ter dificuldades até para respirar.

– Viu o que fizeram? – perguntou Val.

– Fizeram no meu quintal também – respondeu Guto.

– O quê? Isso... isso é... ultrajante – sibilou Val.

– Vou chamar a segurança do condomínio.

– E também a polícia. Quero a polícia aqui, pois isso precisa ter um fim. Faço o que for necessário; esses vândalos precisam ser castigados.

A segurança do condomínio veio, documentando o fato com relatórios e fotos. Logo em seguida, a polícia estacionou em frente das duas casas, e um policial desceu, sendo interpelado pelo chefe da segurança.

– Desculpe, mas quem os chamou?

– Os moradores da casa.

– Não é necessário; já resolvemos o problema.

– Preciso que a pessoa que acionou a polícia nos diga isso.

SEMPRE HÁ TEMPO

– Por favor, entre, policial; não tem nada resolvido aqui. Não é a primeira vez que isso acontece, e nada foi feito para que as pessoas que nos fazem mal sejam punidas de acordo. Quero que o senhor entre e nos ajude; precisamos saber qual é o caminho legal para isso.

Nesse momento, dona Iracema e o senhor Esteves se juntaram a eles.

– Minha casa também foi pichada; gostaria que os senhores fossem lá depois.

Mais duas casas próximas se juntaram a eles com a mesma queixa; eram amigos de Hugo e Val, que os apoiavam e admiravam.

A notícia correu célere pelo condomínio. Em pouco tempo, a rua estava repleta de pessoas em desequilíbrio; infelizmente, alguns chegaram à violência física, agredindo e insultando os demais. Outras viaturas policiais foram chamadas, e algumas pessoas encaminhadas à delegacia gritavam impropérios e ameaçavam aqueles que apoiavam os rapazes.

Quando Hugo chegou à casa, havia um clima muito ruim no condomínio. Conforme avançava pelas ruas com seu carro, percebia que o olhavam com raiva.

Entrou em casa e algumas pessoas de seu convívio estavam na sala. Val chorava, consolado pelos amigos. As crianças estavam isoladas no quarto, sob os cuidados de Marina e Ester.

Dona Maria preparava algumas malas com roupas das crianças e dos rapazes.

– O que está acontecendo? – perguntou Hugo.

Guto colocou-o a par do assunto e acrescentou:

– Dona Maria está preparando algumas roupas. Vocês vão para a chácara de meus pais, pelo menos por este final de semana. Depois vamos ver o que fazer.

Hugo baixou a cabeça e precisou se controlar, tamanha a raiva que sentia.

Adentramos a comunidade umbralina. Havia uma multidão reunida na praça central, em frente ao grande castelo. Telas enormes estavam espalhadas pelo espaço. Imagens em tempo real mostravam repetidamente a ação de espíritos malévolos durante o episódio que acabamos de descrever.

Entidades em terrível estado mental uivavam e gritavam, excitadas pela cena grotesca, alimentando a densa energia que se formava.

Em volta do grupo de pessoas que participaram da cena real, entidades se juntaram em uma corrente energética malévola, a energia espalhando-se com rapidez absurda e envolvendo as mentes mais ignorantes. A turba enlouquecia nos dois planos.

Ele, o comandante das trevas, veio em nossa direção e, gargalhando com deboche, fitou-nos e falou:

— Aprendam; é assim que se faz.

Densa energia envolveu a psicosfera do grupo de socorristas. Era como uma tempestade de granizo açoitando nosso corpo perispiritual. Ineque nos alertou para a necessidade de ficarmos atentos e não perder de vista nossos benditos propósitos.

A Casa Transitória Maria de Magdala parou acima de nossas cabeças, e um número considerável de trabalhadores se juntou a nosso grupo.

O trabalho de consolo e paz nos foi permitido naquele momento. Fechei os olhos e mentalizei os mais sinceros sentimentos de compaixão para com esses irmãos. O som ensurdecedor foi se calando; agora só ouvia lamentos e gemidos. Abri os olhos. Estávamos isolados da turba enlouquecida, e senti uma grande alegria. Era a hora destinada aos doentes da alma. O infeliz comandante das trevas nos olhou com ódio e vociferou:

— Para vocês apenas os fracos são destinados! — Com um gesto autoritário, ordenou a seus comandados que o seguissem.

SEMPRE HÁ TEMPO

Percebemos que parecia cansado e claudicante; senti compaixão por seu sofrimento, mas sabia que ele ainda precisava estar ali, no magnífico lugar de seu refazimento.

Ana elevou sua voz e entoou doce melodia recitando o bendito Salmo 23:

O Senhor é o meu pastor, nada me faltará.

Deitar-me faz em verdes pastos, guia-me mansamente a águas tranquilas.

Refrigera a minha alma; guia-me pelas veredas da justiça, por amor do seu nome.

Ainda que eu andasse pelo vale da sombra da morte, não temeria mal algum, porque tu estás comigo; a tua vara e o teu cajado me consolam.

Preparas uma mesa perante mim na presença dos meus inimigos, unges a minha cabeça com óleo, o meu cálice transborda.

Certamente que a bondade e a misericórdia me seguirão todos os dias da minha vida; e habitarei na casa do Senhor por longos dias.

CAPÍTULO 19

Nada está perdido

A família se deslocou para a casa dos pais de Val, com as crianças assustadas e chorosas. Assim que chegaram, contudo, foram recebidos com carinho e serenidade. O senhor Jorge, pai de Val e Guto, aproximou-se e os abraçou com carinho, dizendo:

– Não fiquem assim. As pessoas que fazem essas coisas ruins são criaturas ignorantes; ainda não descobriram o que é o verdadeiro amor. São dignos de nossa compaixão e compreensão. Chegará o dia em que tudo ficará em paz, porque vocês merecem essa paz.

– Pai, foi um dia muito difícil e está quase impossível compreender sua bondade – falou Val.

– Eu sei, meu querido, eu sei; mas isso não quer dizer que ela não exista; não posso deixar de olhar por seu amor e incentivá-lo a sobreviver na dor. Venha cá, me dê um abraço, vocês dois – falou, estendendo os braços para Val e Hugo.

Dona Carlota dirigiu-se às crianças, que estavam no colo de dona Maria e Marina:

– E os meus pequenos amores, vão querer sorvete de chocolate?

As crianças se animaram e logo estavam acomodadas em um lindo jardim em frente à casa, com deliciosas taças de guloseimas.

A família se reuniu durante o final de semana e decidiram que, por ora, seria melhor que ficassem hospedados por lá mesmo. A chácara era próxima à cidade e não atrapalharia o dia a dia dos rapazes.

Ao anoitecer do domingo, Val se despediu de Hugo, pois deveria seguir para seu plantão.

– Tome cuidado, Val. Tive pesadelos horríveis esta noite. Sonhei com fogo e morte; havia muita fumaça e chamas ardentes que consumiam várias casas. Eu tentava encontrá-lo, mas não conseguia. Não sei o que seria de mim e de nossos filhos sem você; nós o amamos muito.

– Eu também os amo muito. Sei que é difícil para algumas pessoas entender o amor que sentimos um pelo outro, mas

SEMPRE HÁ TEMPO

só encontro dignidade, fidelidade, compromisso verdadeiro de amor e cumplicidade, para descrever o que vivemos. Por que é tão difícil assim entender que temos uma relação saudável, que produz coisas boas para ambos e nossos filhos? Queria muito que as pessoas que nos julgam pudessem ter um pouco de bom senso e parar para refletir sobre isso; que nos permitissem mostrar o que somos de verdade, e não o que deduzem por meio de uma observação superficial e viciosa.

– O que nós temos é muito mais do que minha mãe e meu pai[1] tiveram; nossa família era doente, não havia respeito nem amor. Eu sou filho de uma relação heterossexual, de um casamento convencional, e mesmo assim tenho traumas profundos, que até hoje me limitam para a liberdade de amar e ser amado – falou Hugo.

– Mas isso não deve nos desanimar; sabemos o que queremos, quem somos e como devemos agir dentro das instruções legadas à humanidade por nosso admirável irmão Jesus, então encaremos estes momentos como instrumentos de fortalecimento e aprendizado. Vamos viver da melhor forma que pudermos e fazer com que nossos filhos sejam pessoas bondosas e dignas; isso é o mais importante – respondeu Val.

Os rapazes se abraçaram com carinho, despediram-se, e Val foi para o hospital.

Depois de algumas horas, Hugo também saiu e foi para o consultório. Ao abrir a porta, entretanto, encontrou a sala de espera vazia.

– O que houve, Natália?

– Desculpe, doutor Hugo. Tentei falar com o senhor, mas seu celular estava desligado.

Hugo tomou o aparelho nas mãos e o olhou, constatando que estava mesmo desligado.

– Nossa! Esqueci de ligar. Mas o que aconteceu? E meus pacientes?

– Somente dona Carmem virá às quinze horas; as outras mães desmarcaram a consulta.

---

[1] História contada no livro *Sempre há vida*.

Eliane Macarini ditado por Maurício

– Desmarcaram a consulta? Mas por quê?

– O senhor não viu o noticiário da manhã, não é?

– Não. O que houve?

– Desculpe, fico constrangida em falar com o senhor sobre isso, mas é necessário. Alguns moradores do condomínio onde moram chamaram um canal de televisão local, com um daqueles programas sem serventia para ninguém, e falaram coisas horríveis do senhor e do doutor Val. O telefone está tocando toda hora, e são pessoas maldosas dizendo absurdos, inclusive acusando-os de pedofilia.

– Meu Deus do céu! Ainda bem que as crianças estão na chácara.

– A assistente social já ligou também e disse que precisa falar com vocês com urgência; ela deixou o telefone. Sinto muito, doutor, sinto muito mesmo.

Lágrimas escorriam dos olhos de Hugo. Natália saiu de trás de sua mesa e o abraçou com força.

– Desculpe, não fique assim. Os senhores são as melhores pessoas que já conheci no mundo. Isso vai passar e vão deixá-los em paz. Você verá!

Nesse instante, a porta do consultório se abriu e algumas mulheres com os filhos no colo entraram. Hugo as olhou apavorado. Uma moça muito bonita e delicada aproximou-se, no que foi seguida pelas outras.

– Não se preocupe. Meu marido é promotor público e está tomando as devidas providências para que isso termine. Nós o amamos, doutor. Você salvou nossos filhos com seu carinho e conhecimento, e nem mesmo era pediatra deles. Era um médico de plantão em uma Emergência fria e despersonalizada, mas você se interessou pelas crianças e as tratou com dignidade. Além do mais, ninguém tem nada com sua vida particular. Não vamos permitir que um bando de loucos e ignorantes o faça sofrer dessa forma.

Hugo caiu em um pranto convulsivo. Val chegou, avisado por Natália sobre os últimos acontecimentos, e, emocionado, juntou-se ao grupo pensando: "Nada está perdido. Sempre

SEMPRE HÁ TEMPO

há uma saída, além de pessoas admiráveis que encontramos pelo caminho".

Aproximamo-nos e os envolvemos em vibrações de amor e paz. O infeliz irmão que perseguia nossos amigos nos olhava de longe, limitando-se a nos observar.

Ester e sua família estavam sendo hostilizados pela vizinhança, então Guto resolveu que também iriam para a chácara. Na noite anterior, por diversas vezes, haviam atirado pedras nas janelas e no telhado da casa, e, pela manhã, a parede externa estava toda pichada com palavras e desenhos ofensivos.

Amedrontados, colocaram alguns objetos pessoais em uma mala e saíram do condomínio.

Dona Iracema e o senhor Esteves se despediram deles, e ficaram ali fora durante um tempo conversando.

– Que tristeza, Iracema. E pensar que eu posso ter sido o responsável por começar essa palhaçada. Não sei onde estava com a cabeça.

– Você parou e ainda tentou convencer os outros de que não era certo, mas encontrou cabeças vazias, corações destituídos de bons sentimentos e um preconceito latente, pronto a eclodir como uma bomba.

– Mas naquela noite eu fui de casa em casa, conversando com as pessoas e convencendo-os de minhas ideias idiotas. Preciso compensar isso de alguma forma, reverter essa situação doentia e triste. Aqui era um lugar de paz, excelente para essa meninada crescer, formando uma família de afinidade, e olhe o que eu causei.

– Esteves, não adianta ficar se lamentando; precisamos decidir o que fazer também. Eles já estragaram toda a nossa casa, nosso jardim, minhas roseiras, e olhe o portãozinho lateral: está aberto! Será que entraram no nosso quintal?

Eles se dirigiram para a lateral da casa e chegaram ao quintal, que estava destruído, com roupas jogadas pelo chão, utensílios de lavanderia danificados, paredes pichadas e o pequeno pomar regado com algum tipo de ácido, pois o cheiro era forte e desagradável. As plantas murchavam sob o impacto destruidor do produto químico.

— Meu Deus do céu! Quanta maldade e ignorância... O que aconteceu com essas pessoas? Elas eram nossas amigas, nossos vizinhos, tínhamos uma boa convivência. Como isso pôde chegar a esse ponto?

Esteves permitiu que grossas lágrimas escorressem de seus olhos e falou amargurado:

— Como pude compactuar com isso? Eles são boas pessoas, e as crianças são tratadas e cuidadas com respeito, em vez de estarem em um orfanato. O que posso fazer para reparar esse dano que minha ignorância causou?

— Venha, vamos embora também; não quero mais ficar por aqui. Vou avisar Val e Hugo de que estamos indo para a praia; se quiserem mandar as crianças para lá por algum tempo, seria mais seguro.

O casal voltava para a frente da casa quando escutaram vozes abafadas, falando de maneira duvidosa e aos sussurros. Ao que parecia, não desejavam ser ouvidas, e o tom de voz era de raiva contida. Pararam atrás de uma grande mangueira e procuraram ouvir a conversa suspeita, mas o grupo de pelo menos oito pessoas estava distante. Observaram que gesticulavam muito e apontavam a casa dos rapazes; algumas palavras isoladas os assustaram bastante, como "fogo" e "acabar com eles".

Voltaram para o quintal em silêncio e esperaram que se afastassem da casa deles.

— O que fazemos, Esteves? Acho que vão colocar fogo na casa dos meninos.

— Pode ser apenas uma triste analogia; não acredito que chegariam a esse ponto.

— Depois de tudo o que aconteceu ontem à noite, não duvido não. Quero ir a uma delegacia e fazer uma queixa, primeiro sobre a destruição de nossa casa, pois eles não têm direito de fazer o que fizeram, e depois para alertá-los sobre o que

SEMPRE HÁ TEMPO

escutamos. Vou pegar algumas coisas de que vamos precisar para ir à praia.

– Não precisa muito, minha querida, apenas alguns agasalhos, porque está esfriando. Lá temos várias coisas.

– Está bem, mas, saindo daqui, a primeira coisa que faremos será ir à delegacia.

– Você tem razão, isso não pode ficar sem punição. Quero muito fazer algo para reparar meu erro.

– Esteves, não me faça besteira alguma. Este povo está irracional; não entenderiam nada do que pudéssemos expor, por mais simples e digno que seja. Vamos embora, não quero ficar aqui nem mais um segundo; estou com medo. Tentei falar com Val e Hugo, mas não consigo. Eles devem estar de plantão.

– Fale com Ester. Você não tem o telefone dela e do Guto?

– Não, nunca anotei. Tínhamos mais contato com os rapazes e só peguei o número de telefone deles por causa das crianças, mas vou continuar tentando.

Naquela manhã, Hugo e Val, atrapalhados pelos últimos acontecimentos, tinham colocado o celular para carregar, pois haviam se esquecido completamente de fazer isso, e os telefones encontravam-se desligados.

Após a visita das mãezinhas ao consultório de Hugo, o casal resolveu voltar para a chácara. Hugo atendeu sua última paciente, e Val pediu a um colega que o substituísse.

Hugo tinha falado com a assistente social.

– Ela vem amanhã, Val! – falou Hugo assim que desligou o telefone.

– Meu Deus, só peço que não nos prive da presença das crianças; acho que enlouqueceria se elas fossem tiradas de nós – comentou Val.

– Nada vai acontecer; vamos pensar positivo para criar a nossa volta energias construtoras e benéficas. Tenho certeza de que não farão nada que possa nos prejudicar ou a nossos filhos – respondeu Hugo.

– Deus o ouça. Vou pedir a Sandra e aos amigos da casa espírita boas vibrações. Estou admirado com sua postura; está mais forte e lúcido, e os sintomas depressivos que apresentava sumiram – falou Val.

– Depois do atendimento fraterno que fizemos senti que um grande peso foi retirado de minha mente; era como se tivesse dois pensamentos ao mesmo tempo: um meu, que lutava para emergir de um lodaçal, e outro que me puxava para dentro dele, cada vez mais fundo e de forma mais triste. Ainda sinto a presença de alguém que me quer doente e fraco; ouço uma voz me dizendo que não sou digno, que a única forma de suportar isso é me matando; mas eu não acredito mais nisso, aliás, nunca acreditei, por isso nunca fiz nada de mais drástico. Só sei que minha única saída é lutar pela liberdade de meu pensamento e cuidar de nossa família, e isso me fortalece dia a dia – falou Hugo.

– Vamos conseguir. Nós nos amamos e amamos nossos filhos, e um dia tudo ficará bem, porque conseguimos fazer nossa parte e construir algo muito bonito. Você verá! – falou Val, abraçando o companheiro com genuína sinceridade e respeito.

Olhei para o casal e senti que compreendia finalmente a força que vem do amor verdadeiro e de todas as suas formas de manifestação, pois ali estava a presença divina a abençoar e proteger; se ainda restasse em meu íntimo alguma dúvida, por menor que fosse, ela se foi. Senti-me leve, e uma indescritível sensação de felicidade invadiu meu coração; o preconceito se fora, porque agora eu conhecia e reconhecia o amor como ele deveria ser para todos: simples e natural.

Agora sim eu estava pronto para auxiliar nesse atendimento fraterno. Sorri feliz. Vinícius se aproximou, me abraçou com carinho e falou emocionado:

– Sinto-me como o pai que vê seu filho alcançar uma grande vitória sobre si mesmo, aquele conhecimento que o libertará e o acompanhará pela eternidade.

CAPÍTULO 20

As leis civis e as leis naturais

Voltamos à comunidade umbralina. Nossos amigos da Casa Transitória Maria de Magdala nos avisaram de que havia uma tensão vibratória crescente nas grandes falanges ligadas ao grupo reorganizado da Comunidade Educacional das Trevas. Precisávamos nos certificar das últimas atividades propostas pelos comandantes.

O caminho estava envolto em uma energia bem mais densa que da última vez que nos deslocamos para lá. Ineque e Demétrius nos acompanhavam; tínhamos instruções para aguardar notícias dentro do posto de socorro próximo à comunidade.

Percebemos uma movimentação frenética na entrada da cidadela. Espíritos em deplorável estado físico chegavam de todos os lugares, alguns demonstrando volúpia, outros uma ira insana, e outros tantos se arrastavam pelo caminho como se fizessem um grande esforço para conseguir dar um passo à frente.

Percebemos também mentalmente a aproximação de nosso irmão comandante; ele nos alertava que, se quiséssemos nos movimentar entre as falanges que chegavam, era hora. Faríamos a ele um favor, livrando-o dos fracos e inseguros.

Adamastor, o coordenador que dirigia o trabalho executado pelos seareiros da casa transitória, liberou os socorristas para atender aos que conseguiam perceber a necessidade de evoluir na liberdade e na paz; aqueles que, solitários, sofriam a invasão de sua mente confusa.

Olhamos para o céu e notamos que uma grande tempestade se aproximava da região; a energia atmosférica e suas manifestações, mais uma vez, seriam utilizadas no socorro às criaturas perdidas.

Raios, trovões, ventania e gelo castigavam a terra ressequida e os corações áridos. Incontáveis espíritos do Senhor se movimentavam com alegria entre a turba enlouquecida. Aproximei-me de uma senhora que, ajoelhada no solo encharcado, gemia e chorava; estava cercada por centenas de criaturas ensandecidas, e seu corpo disforme estava coberto

SEMPRE HÁ TEMPO

por ovoides. Eu a reconheci de outro dia, enquanto se lançava à terrível sina da obsessão.

— Minha querida, venha, está tudo bem! — falei com calma.

— Não, não está. Eles vão me enlouquecer, você não vê? Cobram de mim o que não posso fazer; querem meus filhos para eles. — Desesperada, passava as mãos pelo corpo doente, acariciando as criaturas desventuradas.

— Eles também receberão auxílio; também serão esclarecidos em suas dúvidas e conseguirão a tão sonhada liberdade. Liberte seus filhos; eles merecem uma nova oportunidade de felicidade, assim como você.

— Veja, eles me odeiam. Se libertar meus filhos, eles os sacrificarão para se vingar. Não, eles não me permitirão ter paz. Eu realmente acreditava no que fazia; acreditei no céu dos justos, no paraíso, na abundância após a morte.

— Quer me contar sua história?

— Eu sou pastora da igreja de minha comunidade e aprendi que, se desse o dízimo, estaria quite com Deus e Jesus; que os templos erguidos em nome do Pai seriam a homenagem justa e fervorosa de minha vida; que todos os que por aquelas portas entrassem, em nome de Jesus, seriam salvos. Prometia a cada um deles o paraíso, o seu lugar junto ao Pai. E cada vez mais exigia contribuições, o dízimo e a renúncia aos bens materiais. Minha igreja enriquecia enquanto meus seguidores empobreciam e se tornavam miseráveis, mas eu não via isso; achava justo. Eu vivia na abundância, o que também era justo, afinal, era eleita por Ele como sua representante direta na Terra.

"As pessoas sofriam, e eu, mais e mais eloquente em um discurso envolvente e falso, convencia-os de seu sacrifício; eles trabalhavam duro para encher meus cofres, e eu apenas falava e falava sobre um reino de riquezas e descanso. Eles acreditavam.

"Um dia, o pai de uma criança muito doente veio até mim em busca de ajuda para seu filho; o filho estava leucêmico

Eliane Macarini ditado por Maurício

e precisava de tratamento médico. Disse a ele que intercederia junto ao Criador pela cura da criança, e que não precisava mais de remédios; Ele o curaria através de mim.

"Em todos os cultos, lá estava ele com seu filho nos braços, cada dia mais doente e mais fraco; mas eu não me importava; não via a gravidade da situação, do desespero e da dor daquela família, do sentimento de impotência, além da triste sensação de descobrir aos poucos a traição de que eram vítimas.

"Em uma destas reuniões, a criança sucumbiu à doença e morreu ali, nos braços do pai. Ele a depositou no colo da mãe e avançou para o palco, onde eu, indiferente, continuava minha pregação. Eu o vi apenas quando agarrou meu pescoço e o apertou, até que desfaleci em seus braços. Mas ele continuou a apertar até a vida abandonar meu corpo.

"Desesperada, descobri que o paraíso não existia e que desse lado havia uma infinidade de outros seres revoltados comigo. Eu os protegi com meu corpo, agasalhando-os e escondendo-os da dor. Descobri rostos que nunca tinha visto, mas que me seguiam dia e noite; descobri o inferno, e que eu não valia nada, pois havia enganado todos os que acreditaram em mim, em minhas falsas promessas; e o pior: descobri que sabia, sim, o que fazia e as consequências disso, mas tudo o que vivia era atraente demais para ser entendido da forma correta, pois corria o risco de estragar os prazeres da ambição, do poder, das facilidades financeiras.

"Vivia no luxo, em uma mansão desnecessária, grande demais para uma pessoa sozinha, com um carro de luxo, roupas de marca caras, fazendo viagens milionárias. Alimentava minha vaidade ser uma figura pública, amada e bajulada o tempo todo, só que agora estou aqui, em trapos e com a alma dilacerada pela verdade que tanto rejeitei."

– Diante desta compreensão, está na hora de fazer algo por si mesma. Melhorando e se equilibrando, você poderá auxiliar todos eles da maneira correta, fazendo o que não conseguiu enquanto encarnada. Nós a convidamos a vir conosco e trazer consigo seus seguidores e seus filhos d'alma. Venha!

SEMPRE HÁ TEMPO

Ela se virou e falou em um fio de voz:

– Venham; se quiserem ajuda, venham conosco, por favor. Estamos todos muito cansados.

Um veículo desceu da casa transitória, e todos foram acomodados e encaminhados ao lugar necessário ao seu refazimento.

Durante três dias nos concentramos no socorro às falanges que chegavam à cidadela. No final da tarde do terceiro dia, o comandante mandou nos chamar; queria uma entrevista com nossa equipe e enfatizou a necessidade da presença de Vinícius.

Nosso amigo havia se deslocado até a Casa Espírita Caminheiros de Jesus acompanhando um grande número de socorridos, que deveriam passar por uma triagem, assim recebendo o destino correto ao seu estágio de compreensão.

Assim que soube de sua convocação à cidadela, preparou-se para o percurso a fim de chegar ao destino. Dirce, mãe de Maurício em sua última encarnação, o interpelou antes de sua saída e pediu que a acompanhasse a uma pequena sala; precisava informá-lo de novidades importantes.

– Bom dia, meu amigo. Como você está? – perguntou Dirce.

– Graças ao aprendizado que faço dia a dia, sempre melhor. Quanto mais compreendo o mecanismo da vida, mais simples e natural é minha movimentação por esse mundo abençoado.

– Isso nos fortalece e dá esperança no futuro. Quem observa o atual momento que vive nosso planeta, toda essa convulsão social, e não entende o conceito evolutivo moral, acaba por se deprimir, pois não compreende que o caos está dentro da lei de evolução e destruição.

– A destruição ainda é necessária! – concordou Vinícius. – "É necessário que tudo se destrua para renascer e se regenerar, porque isso a que chamais destruição não é mais que transformação, cujo objetivo é a renovação e o melhoramento dos seres vivos", eis a resposta dos espíritos melhores a Kardec, quando ele questiona sobre a necessidade da destruição, na questão 728.

– Isso mesmo, meu amigo querido – respondeu Dirce. – Além do mais, está intrínseca nessa lei a própria regeneração

– 169 –

do ser após a destruição, como se vê na questão 729: "Se a *destruição é necessária para a regeneração dos seres, por que a Natureza os cerca de meios de preservação e conservação?* Para evitar a destruição antes do tempo necessário. Toda destruição antecipada entrava o desenvolvimento do princípio inteligente. Foi por isso que Deus deu a cada ser a necessidade de viver e de se reproduzir".

— A conversa está muito edificante – disse Vinícius –, mas qual o motivo de me trazer até aqui?

— Trabalho junto à colônia de regeneração que abriga Tiberius. Você sabe disso, não é?

— Sei sim, Dirce. Aconteceu algo com ele?

— Ele ainda tem uma ligação forte com a Comunidade Educacional das Trevas e, nos últimos tempos, tem se mostrado bastante ansioso; percebemos que isso acontece desde que ela se reorganizou e se aliou aos Dragões de Cristo.

— Você acredita que ele esteja sofrendo influência por parte de seus antigos companheiros, aqueles que se evadiram durante o processo de atendimento?

— Não conseguimos conversar com ele sobre o assunto. Ele se fechou e se recusa a nos escutar ou falar sobre seus sentimentos e sensações. Ontem à noite, ele saiu para o jardim de nossa casa e me juntei a ele. Senti um grande conflito envolvendo-o e, hoje pela manhã, ele se foi. Não sabemos se resolveu se juntar ao grupo.

— Ele parecia bem, demonstrando uma nova compreensão da vida.

— A transformação moral do pensamento não dá saltos, Vinícius; é um processo lento e doloroso, você sabe disso.

— Obrigado pelo aviso, ficarei atento.

Vinícius se juntou a nós no posto de socorro e colocou-nos a par das novidades. Consternados com o sofrimento de Tibério, fizemos uma prece para que pudesse ser coerente com sua nova postura.

SEMPRE HÁ TEMPO

Enquanto essa trama se desenrolava no mundo dos espíritos, nossos amigos Val e Hugo travavam a boa batalha no mundo dos encarnados.

Após os últimos acontecimentos, resolveram entrar com processo legal contra seus agressores.

Em uma conversa com Silvio, ele os fez ver que toda responsabilidade social não cumprida é uma infração às leis sociais, e que a punição pelo não cumprimento é um direito adquirido, que conduz a sociedade ao caminho ético.

Embora contrariados pelas medidas necessárias a serem tomadas, as denúncias foram feitas. Um gosto amargo os acompanhou naqueles dias que se seguiram.

CAPÍTULO 21

Surpresas da vida

Iracema, finalmente, conseguiu falar com Hugo pelo telefone.

– Bom dia, menino, vocês estão bem?

– Estamos sim, dona Iracema, ainda na chácara dos pais de Val. Aproveitamos para arrumar a casa.

– Na noite anterior à nossa viagem para a praia, eu e Esteves vimos alguns de nossos vizinhos em frente à nossa casa. Eles estavam conversando bem baixinho e gesticulando muito, e apontavam a casa de vocês. Não dava para ouvir direito o que falavam, mas ouvimos várias vezes a palavra "fogo" e a expressão "acabar com eles".

– Nossa! Será que pretendem ir tão longe?

– Não sei, menino, mas depois daquele dia e do que fizeram não duvido de nada. Vocês não sabem ainda, mas entraram em nosso quintal, arrombaram o portão lateral e destruíram até as árvores, por isso viemos para nosso apartamento na praia. Não sabemos nem se vamos voltar; estamos amedrontados, e confesso que tenho pesadelos com aquele povo maluco. Vocês estão arrumando a casa... Pretendem voltar?

– Ainda não sabemos, dona Iracema. Acredito que vamos vendê-la, pois o pai de Val comprou uma chácara ao lado da dele e lá não tem nada construído. Ele nos ofereceu para construir nossas casas lá, nós, e o Guto e a Ester. Eles estão conosco também.

– Sua sogra deve estar feliz perto das crianças. Estamos com saudades deles; será que poderíamos visitá-los no final de semana?

– Eu ia ligar para vocês mesmo. É aniversário de Manuel e vamos fazer uma festinha; só os amigos verdadeiros. Vocês estão convidados. Venham passar o final de semana conosco.

– Mas já tem tanta gente na casa dos seus sogros.

– Não se preocupe, o que não falta por lá é lugar. Eles construíram cinco quartos, então tem cama para todos – respondeu Hugo.

– Combinado. Vou falar com Esteves e confirmo com você. Obrigada, sentimos muito por tudo o que vem acontecendo.

SEMPRE HÁ TEMPO

Esteves se sente responsável por isso e quer compensar essa situação de qualquer forma.

— Diga a ele que está tudo bem, é apenas um pedacinho pelo qual devemos passar antes de superá-lo.

— Vocês iam falar com a assistente social. Aconteceu alguma coisa?

— Graças a Deus não; ela apenas nos advertiu para que não acontecesse mais nada do tipo, porque então seria obrigada a tomar outras atitudes, e que seriam contrárias ao que acredita, pois reconhece nosso esforço para dar o melhor às crianças e o carinho que temos por elas. Está nos dando a maior força.

— Ainda bem. Ela é uma boa menina e tudo vai dar certo, você verá; mas tome cuidado quando for à casa de vocês no condomínio; fiquei bastante impressionada com a expressão daquelas pessoas. A linguagem corporal delas me assustou bastante. Nunca poderia imaginar tanto ódio sem motivo algum.

— O ódio não se explica nem mesmo se houver razões, não é? Afinal, podemos fazer escolhas melhores, que construam uma vida boa e saudável, e não alimentar sentimentos ruins, que nos destroem e às outras pessoas. Mas não se preocupe, dona Iracema; apenas entramos e saímos para ver o andamento da obra. Não ficamos por lá; não é mais o nosso lar.

Hugo desligou o telefone, cismado com as notícias que dona Iracema lhe dera. O que aquelas pessoas estariam tramando? Preocupado, ligou para Val e contou a conversa a ele.

— Val, o seguro da casa está em dia?

— Está sim, mas por que essa preocupação? Você acredita que eles chegariam ao ponto de incendiar nossa casa?

— Não sei, é muita doideira, mas e se chegarem a esse ponto?

— Jesus! Isso ultrapassaria todos os limites. Ter preconceito já é muito ruim, mas permitir que ele leve à violência é inadmissível.

— Bom, se o seguro está em ordem, fico mais sossegado. Não estamos mesmo morando mais lá, e quer saber?

– O quê?

– Acredito que devemos aceitar a oferta de seus pais e construir nossa casa na chácara. Acho que Ester e Guto também ficariam felizes com isso, pois já éramos vizinhos e tínhamos até um portão ligando as duas casas. Com esse novo arranjo, nem muros obrigatórios nos separariam – falou Hugo rindo.

– Também ficaria mais feliz e seguro por lá; perdi o gosto de viver naquele condomínio – disse Val.

– Então está combinado. Amanhã mesmo falamos com um arquiteto e um engenheiro, e daremos andamento à construção de nossa nova casa. Vamos colocar a atual à venda, está bem?

– Ótimo! Você está muito ocupado?

– Um pouco, mas tenho um horário livre depois do almoço. Por quê?

– Não posso deixar o plantão, mas quando saí de casa, hoje pela manhã, Manuel estava com um pouco de febre. Eu o examinei e tinha alguns gânglios inchados.

– Peço a Natália para atrasar um pouco os pacientes da tarde e vou para casa examiná-lo, está bem?

– Fico mais sossegado. Precisamos estar atentos à saúde dele. Está tomando uma dose alta de antivirais, mas...

– Não deve ser nada. Antes que me esqueça, falei com o médico de Grace. Como ela não apresenta comprometimentos físicos graves, principalmente cardíacos, esse é um fator primordial na sua evolução de aprendizado, e ela está surpreendendo: ele concluiu que ela tem apenas um retardo leve, nada que a impeça de aprender e evoluir em comportamento e conhecimento – informou Hugo.

– Que beleza de notícia! Sabemos que as características físicas e o desenvolvimento de uma pessoa com síndrome de Down dependem de vários fatores, alguns que conhecemos e outros que desconhecemos: fatores clínicos como a presença ou não de problemas cardíacos, outras complicações clínicas que dependem da qualidade dos sistemas orgânicos, fatores genéticos, estímulos adequados, educação, disciplina, entre

SEMPRE HÁ TEMPO

outros. O que está a nosso alcance, estamos fazendo – completou Val.

– Ela aprende com facilidade, nem parece que já se passaram seis meses do dia em veio morar conosco. Marina me disse ontem que ela chegou da escola e pediu lápis e papel, fez vários círculos e traços, mostrou a ela e falou a palavra família – comentou Hugo emocionado.

– Está vendo, meu bem? As coisas boas são maiores e mais importantes que as ruins; estamos conseguindo fazer o melhor que podemos e temos ajuda de todas as formas; somos seres privilegiados neste bendito mundão de Deus.

Os rapazes continuaram a conversar por mais alguns minutos, depois desligaram, felizes e esperançosos no futuro.

Hugo pediu a Natália que o próximo paciente fosse encaminhado ao seu consultório. Feliz, atendeu a bela criança. Ele amava os pequenos e cuidava deles com muita atenção e carinho. Ao final do exame clínico, sorriu para a mãe e falou:

– Não se preocupe. Provavelmente, é apenas uma virose. Veja, ele está bem, esperto e feliz. Quando a criança começa a frequentar a escola, como é o caso de André, passa a ter contato maior com agentes contaminadores, e o organismo passa a reagir de maneira mais violenta, mas com isso a imunidade aumenta. Ao mesmo tempo que é ruim, pois vemos nossos filhos adoentados, também é positivo, porque vão se fortalecendo com essas pequenas crises, que os preparam para a convivência saudável no mundo em que habitamos.

A mãe, mais sossegada, saiu do consultório sorrindo com seu filho nos braços.

Hugo olhou para o relógio e pensou: "Estou preocupado com Manuel; vou ligar para casa".

Assim o fez. Marina o atendeu e falou que Manuel estava dormindo; apresentava ainda um pouco de febre, mas parecia melhor. Ele ficou mais sossegado e continuou a atender seus pacientes.

Perto do meio-dia, dona Maria ligou avisando que Manuel estava com muita febre, agitado, vomitando e com diarreia.

– 177 –

Hugo saiu do consultório e foi para casa, avisando à secretária para ligar a sua amiga pediatra, que o substituía no consultório quando necessário, e se informasse sobre a possibilidade de ajudá-lo naquele dia.

Chegando à chácara, examinou o filho e constatou que ele precisava ser atendido em um hospital. Tinha os dois pulmões congestionados, a febre estava bastante alta e reclamava de dores nas costas.

Agasalhou o menino e o levou para a Emergência Infantil do hospital. Assim que chegou, a criança foi examinada e exames laboratoriais e radiográficos foram solicitados.

— Hugo, a contagem de células CD4 está muito baixa, menos de 200; os pulmões estão infiltrados, então podemos dizer que ele tem pneumonia.

— Há três semanas ele fez todos os exames e estava tudo bem — falou Hugo consternado.

— Você sabe que o estresse é um dos fatores na queda das células T, e vocês têm passado por momentos muito difíceis, principalmente para as crianças, que já vêm sofrendo bastante desde bem pequenos.

— Eu sei, mas não cheguei a antever essa reação do sistema imunológico de Manuel. Deveria ter ficado mais atento e adquirido mais conhecimento sobre o HIV.

— Não sabemos tudo sobre o vírus, nem como ele sofre mutação constante; vai ser difícil dominarmos conhecimento suficiente para antever sua ação. Mas podemos tratar os problemas conforme forem surgindo. Já fiz o pedido de internação para ele; pedi um leito na UTI Pediátrica, pelo menos nos primeiros dias, e a enfermeira já vai começar a passar o antibiótico via venosa, está bem?

— Obrigado, Santos!

— Meu plantão começou hoje cedo e vou até amanhã; qualquer alteração, o pessoal me chama.

Hugo entrou em contato com Natália:

— Nat, e aí?

— Sua amiga pediatra está de plantão na UTI daí, Hugo.

SEMPRE HÁ TEMPO

– O que vou fazer? O Val também está de plantão.

– Dona Vera, sua mãe, acabou de ligar e está indo para o hospital. Deixe-a ficar com Manuel. Assim você atende seus pacientes, pois tem algumas crianças adoentadas precisando de você. Manuel já está medicado.

– Tem razão. Foi o que combinamos com nossos parentes, assim que resolvemos adotar as quatro crianças.

– Isso mesmo. Divida a responsabilidade; eles amam você e Val.

Hugo voltou para o lado de Manuel, ligou para Vera e pediu a ela que pegasse um urso de pelúcia ao qual o menino dormia abraçado. Manuel parecia melhor.

– Pai, quero ir para casa.

– Meu filho, você está doente e precisa de cuidados especiais por uns dias, então ficaremos por aqui. Mas nunca ficará sozinho. Eu preciso ver outras crianças que também estão doentes, mas adivinhe quem vem cuidar de você e ainda trazendo o Pelé?

Manuel o olhou sorrindo e falou:

– A vovó Vera, não é?

– É sim, sua vovó Vera e o vovô Caio. Eles o amam muito, sabia?

– Sei sim. Eu gosto de ficar com eles; eles nos fazem rir muito. O vovô conta histórias engraçadas e faz coisas engraçadas também. Você volta?

– Sempre, meu filho, sempre. Vocês nunca mais ficarão sozinhos, acredite nisso.

– Sei que não. Minha avó que morreu, ela sempre me fala a verdade, e ela disse que agora nós estamos em segurança.

– Você vê sua avó que morreu?

– Vejo, mas não conte pra ninguém. Minha mãe me batia muito quando eu contava que via essas outras pessoas, essas diferentes – explicou Manuel, olhando a sua volta e sorrindo, e continuou: – Aqui tem muita gente dessas, mas eles são bonitos e não me assustam.

Hugo o abraçou e falou encantado:

– Essas pessoas que você vê aqui são anjos do Senhor, e aquelas que você não acha muito bonitas são doentes que precisam de nosso carinho, por isso não precisa temê-las. Quando as vir, pode nos chamar que vamos orar juntos por elas. Esse é o remédio que Deus oferece aos filhos que sofrem.

– Eu posso falar deles, papai? Com o papai Val também?

– Sim, meu bem, pode! E com todos nós de sua família. Nós acreditamos em você, e eles, os espíritos bons, vão nos ajudar, está bem?

– Minha vó está sorrindo; ela está feliz!

– Diga a ela que agradecemos muito por ter cuidado de vocês.

– Você pode falar sozinho; ela ouve você!

Hugo abraçou o menino, e uma intensa emoção o envolveu. Em meio às lágrimas, firmou o pensamento e viu uma linda senhora à sua frente. Sorriu e sentiu um abraço carinhoso de agradecimento.

Manuel adormeceu. Hugo tomou de seu aparelho celular e passou a pesquisar sobre o HIV. Já havia se familiarizado com como se dava a infecção e suas consequências, mas naquele momento sentia urgência em acordar esse conhecimento. Entrou em um site que consideramos interessante para todos os que queiram se informar sobre o assunto: www.soropositivo.org .

CAPÍTULO 22

Momentos decisivos

Hugo e Val estavam muito cansados. Com Manuel internado há dez dias, a rotina tornara-se muito estressante. Naquela noite, aceitaram que Cristina, mãe de Ester, passasse a noite com Manuel, que já estava bem melhor e no quarto. Era provável que no dia seguinte ele voltasse para casa.

Val foi buscar Hugo no hospital, e já se dirigiam para casa quando o empreiteiro que cuidava das obras da casa no condomínio ligou. Estavam com problemas na rede de esgoto e precisavam conversar. Então os rapazes deixaram a criança em casa e se dirigiram para lá.

Há dias não apareciam no condomínio. Parecia que entravam em um lugar desconhecido e desagradável; não mais faziam parte daquela comunidade, que apenas despertava neles sentimentos de desconforto e tristeza.

Pararam o carro em frente da casa e desceram, logo percebendo que os vizinhos mais próximos saíam à rua.

Conversaram com o empreiteiro, acertaram o novo serviço e foram embora em silêncio. A sensação era de temor e insegurança. Assim que atravessaram o luxuoso portal de entrada, respiraram aliviados.

— Val, vamos alugar um depósito e guardar nossos móveis enquanto a casa do sítio não fica pronta?

— Podemos vendê-la da forma como está, inclusive com os móveis. Se o comprador aceitar, leva tudo junto — respondeu Val.

— Ótimo, não quero nada que está lá — comentou Hugo.

— Você sabe que uma coisa não tem nada com a outra, não é? Até há pouco tempo éramos muito felizes por lá. Realizamos um sonho quando a compramos — opinou Val.

— Eu sei que é besteira minha, mas sinto repulsa por aquele lugar — enfatizou Hugo.

— Está bem. Vamos nos desfazer de tudo e começar de novo, está bem? Quero apenas que sejamos uma família feliz — concordou Val.

Hugo segurou com carinho a mão do parceiro e falou baixinho:

— Sabe que eu o amo muito, não sabe?

SEMPRE HÁ TEMPO

— Sei sim, e esse sentimento é nossa força. Não importa o que as pessoas pensem sobre nosso relacionamento, sei que nossos sentimentos são genuínos e verdadeiros, que respeitamos a Deus e a nós mesmos. Não se esqueça disso, porque sempre vamos encontrar pessoas mal ajustadas na vida, que acabarão nos usando como desculpa para expurgar a própria dor – falou Val.

Hugo baixou a cabeça e começou a chorar baixinho.

— Sinto um grande cansaço a esse respeito; tudo poderia ser tão simples e saudável se essas criaturas respeitassem o seu próximo, ou se no mínimo fizessem um pequeno esforço para entender que onde existe amor e dignidade também existe certo equilíbrio – falou Hugo, demonstrando profunda tristeza.

— Ah! Mas este é um planeta de criaturas imperfeitas, inclusive nós – respondeu Val rindo. – E temos muito com que nos alegrar. Mas essas pessoas que nos atacam, fico imaginando... Qual será sua dor? Acabo compadecido de seus infortúnios, que talvez nem saibam quais são.

Assim que Manuel retornou para casa, seus irmãos saudosos o rodearam felizes. No dia seguinte, a família se reuniu para comemorar a volta do menino. Tudo estava bem de novo.

Auxiliávamos no trabalho de desobsessão da segunda-feira, na Casa Espírita Caminheiros de Jesus, quando um grande número de espíritos desajustados circundou o perímetro. Equipes de apoio preparadas para auxiliar as casas espíritas nestas ocasiões logo chegaram e iniciaram o socorro necessário.

Ineque se aproximou e falou:

— Os comandantes dos Dragões de Cristo e das falanges ligadas à Comunidade Educacional das Trevas se reúnem neste momento em uma grande cidade nos abismos umbralinos. Esses ataques visam nos manter atentos por aqui, sem perceber essa movimentação importante deles. Recebemos ordens de nos mobilizar no posto de socorro montado na Casa Transitória Maria de Magdala.

Olhei para o grupo de trabalhadores encarnados com preocupação; o trabalho seria árduo e eles precisavam ser orientados.

– Vão e orientem Sandra para ficar mais atenta a essa invasão; ela saberá alertar os outros médiuns.

Feito isso, Ineque e Vinícius passaram a reunir o grupo de trabalhadores que deveriam estar presentes na grande reunião dos comandantes umbralinos.

O caminho era íngreme e difícil de ser vencido; estava impregnado de vibrações maléficas e densas. Havia um número incontável de entidades, em terríveis estados de deformações variadas, postadas como sentinelas pelo caminho.

Aproximei-me de uma delas e auscultei seus pensamentos, tristes e depressivos. O irmão era um suicida, preso ao calabouço mental por sua culpa e arrependimento, alimentados pela revolta da família terrena, de cujo convívio havia se ausentado fisicamente de forma brutal, traumatizando a todos.

Compadecido pelo sofrimento, pensei em auxiliá-lo, mas Vinícius se aproximou, tocou meu ombro e falou com carinho:

– Meu jovem amigo, temos ordens de apenas nos encaminhar ao posto de socorro. Com certeza, todos terão a oportunidade de modificar seu caminho, mas não neste momento. Temos um objetivo específico que atingirá as falanges maléficas; precisamos nos manter anônimos por enquanto.

Olhei para o coitado que sofria e entendi que sua hora se aproximava, e seria o momento certo para todos. Baixei a cabeça em prece e continuei meu caminho ao lado de meus queridos amigos.

Enfim, adentramos a casa transitória, que me pareceu bem maior que da última vez em que a visitamos. Havia um número significativo de trabalhadores por ali, e um tanto mais que se aproximava do perímetro onde a casa estava ancorada.

SEMPRE HÁ TEMPO

Pairava um sentimento de alegria e expectativa para as próximas horas de trabalho; sabíamos da gravidade do momento histórico por que passava nosso planeta; havia uma movimentação intensa nos dois planos: acontecimentos sociais, políticos e financeiros que, analisados sob o prisma evolutivo, indicavam um colapso iminente da forma como se encaminhava o processo evolutivo e a educação no orbe. Um período da história humana chegava ao fim; uma nova era se anunciava; surgiam transformações pessoais e comunitárias; e aqueles que se mantinham rebeldes teriam a oportunidade de repensar e se adaptar a uma nova ordem social. Os tempos da escravidão mental às necessidades materiais chegavam ao fim.

A materialidade, endeusada e diretriz para a qualidade do futuro das nações, ruía em um estrondoso escândalo de vaidades e corrupção moral; a sociedade, assombrada pelos monstros criados e alimentados por séculos, tentava se reorganizar e se adaptar a um novo modo de vida, mais espartano, diante da escassez de recursos financeiros.

Lembrei-me do Capítulo V do Livro II de *O Livro dos Espíritos*, item IV:

711. O uso dos bens da Terra é um direito de todos os homens?
– Esse direito é a consequência da necessidade de viver. Deus não pode impor um dever sem conceder os meios de ser cumprido.

712. Com que fim Deus fez atrativos os gozos dos bens materiais?
– Para instigar o homem ao cumprimento da sua missão e também para o provar na tentação.

712. a) Qual o objetivo dessa tentação?
– Desenvolver a razão, que deve preservá-lo dos excessos.
Comentário de Kardec: Se o homem não fosse instigado ao uso dos bens da Terra senão em vista de sua utilidade, sua indiferença poderia ter comprometido a harmonia do Universo. Deus lhe dá o atrativo do prazer, que o solicita à realização dos desígnios da Providência. Mas, por meio desse mesmo atrativo, Deus quis prová-lo também pela tentação, que o arrasta ao abuso, do qual a sua razão deve livrá-lo.

Eliane Macarini ditado por Maurício

713. Os gozos têm limites traçados pela Natureza?

– Sim, para vos mostrar o termo do necessário; mas pelos vossos excessos chegais até o aborrecimento e com isso vos punis a vós mesmos.

714. Que pensar do homem que procura nos excessos de toda espécie um refinamento dos seus gozos?

— Pobre criatura que devemos lastimar e não invejar, porque está bem próxima da morte!

714. a) É da morte física ou da morte moral que ele se aproxima?

— De uma e de outra.

Comentário de Kardec: O homem que procura, nos excessos de toda espécie, um refinamento dos gozos coloca-se abaixo dos animais, porque estes sabem limitar-se à satisfação de suas necessidades. Ele abdica da razão que Deus lhe deu para guia e, quanto maiores forem os seus excessos, maior é o império que concedeu a sua natureza animal sobre a espiritual. As doenças, a decadência, a própria morte, que são a consequência do abuso, são também a punição da transgressão da lei de Deus.

Percebi que tudo estava certo do ponto de vista da necessidade evolutiva, apesar dos desregramentos, dos desequilíbrios morais e psíquicos, do sofrimento não compreendido como instrumento de educação pessoal e coletiva, dos vícios comportamentais alimentados pela vaidade e pelo orgulho. Tudo estava bem e seguia um plano bem traçado por nós mesmos, espíritos livres para fazer escolhas, mas também para viver consequências, nem sempre favoráveis à felicidade imediatista.

Olhei a minha volta e sorri. Estava realmente feliz; o mal se organizava com a intenção de atrapalhar o processo evolutivo moral das criaturas habitantes da Terra, mas o bem estava lá, paciente, tolerante e amoroso, alimentado pela bondade de um Pai que nos favorecia com a inteligência e o livre-arbítrio. Sendo assim, tudo estava bem.

Digníssimo amigo de nosso plano se juntou a nós e conclamou todos a uma prece eficaz no início de nossa entrada à grande câmara. Nela abrigavam-se os comandantes das diversas falanges, que atuavam na manutenção dos rebeldes

SEMPRE HÁ TEMPO

da alma. Ele se colocou à frente e nós o seguimos, como fonte de amor e esperança.

Iniciamos um momento de recuperação, crentes na presença daquele que nos entende a necessidade evolutiva, porque nos ama como seus filhos pródigos.

O prédio que abrigava o grande grupo era enorme e muito luxuoso, lembrando a ostentação desnecessária que encontramos nos grandes templos religiosos. Observamos que vários irmãos encarnados, atuantes em diversos segmentos religiosos como líderes e condutores de grandes massas de ignorantes, juntavam-se aos desencarnados.

O bservávamos a chegada dos encarnados, igualmente protegidos por seus soldados oriundos dos dois planos, e reconhecíamos vários líderes famosos e adorados no plano terreno.

Senti certo desconforto diante da aparência dos componentes dos exércitos que marchavam como um grande enxame. Eram irmãos que perdiam a aparência humana, alguns em estado avançado de animalização, provocada por sentimentos menos nobres, como a raiva, o ódio, a culpa, o remorso, que os arremessavam em busca de punição, para seus adversários ou para si mesmos, diante da crença do não merecimento à felicidade.

Apenas observávamos; precisávamos estar atentos ao momento propício para intervir no curso dos acontecimentos.

Adentramos o grande templo, que serviu de cópia perfeita à construção de algo semelhante no plano material, fazendo alusão ao grande templo de Salomão.

Era considerado o local mais sagrado do judaísmo, já que é no Monte Moriá que se situa a história bíblica do sacrifício de Isaac.

Para os muçulmanos, lá teria ocorrido o sacrifício de Ismael – o lugar da "pedra do sacrifício" ou da Sagrada Pedra de Abraão, que foi eleito pelo rei David para se construir um santuário que abrigasse o objeto mais sagrado do judaísmo: a Arca da Aliança.

As obras foram finalizadas por Salomão no que se conhece como Primeiro Templo, ou Templo de Salomão, e cuja descrição só nos chegou por meio da Bíblia, já que o templo foi profanado e destruído por Nabucodonosor II em 587 a.C., dando início ao exílio judaico na Babilônia.

Alguns anos depois foi construído o Segundo Templo, que foi destruído em 70 d.C. pelos romanos, com exceção do muro ocidental, conhecido como Muro das Lamentações, hoje ainda se conservando e se constituindo o lugar de peregrinação mais importante para os judeus. Segundo a tradição judaica, é o sítio onde deverá construir-se o terceiro e último templo nos tempos do Messias. É o terceiro lugar mais sagrado do islamismo, por se referir à jornada de Muhammad de Meca a Jerusalém e sua ascensão ao paraíso. O local é também associado a vários outros profetas – assim considerados tanto por judeus quanto por muçulmanos.

Uma curiosidade da história atual da humanidade, acontecida no Brasil, um líder religioso construiu um templo semelhante, muito luxuoso e de grande extensão, que atrai um número considerável de seguidores, equivocados no direcionamento de sua fé e dos objetivos que devem ser tratados pelas religiões, reunindo nele seguidores afins.

Enquanto o conceito divino nos leva ao conhecimento interno e ao processo de evolução por meio da ética e da moral, a magnificência das grandes obras arquitetônicas rouba ao ser encarnado, ainda ignorante de sua origem divina, preciosos momentos de reflexão em busca de sua felicidade e serenidade.

Observei o grande monumento ao nada, apenas um repositório de expectativas materiais, uma celebração à vaidade e ao orgulho. Orei para que a educação do ser se concretizasse de maneira profunda e eterna, trazendo paz aos corações rebeldes.

Nossas ordens eram apenas observar e auxiliar com boas vibrações, anônimos e construtores em uma missão de amor e paz. A reunião proposta pela comunidade sombria foi relegada a um palno inexistente, não fazia mais sentido diante dos últimos acontecimentos.

CAPÍTULO 23

A dor que reequilibra a alma

Manuel estava bem, ainda bastante debilitado pela doença que o assolara por aqueles dias, mas encontrava-se em recuperação, com o auxílio de toda a família.

A vida de todos entrou em uma rotina de normalidade, mas nossos amigos Val e Hugo sentiam-se inseguros e tristes, traumatizados pelos últimos acontecimentos. A construção da nova casa acontecia como o previsto, e a casa do condomínio fora colocada à venda.

Ester e Guto haviam voltado para sua casa, mas também estavam envolvidos com a construção do novo lar na chácara.

Ester não mais se sentia bem na antiga moradia. Passava mais tempo com os amigos e os sogros; sentia solidão e tristeza longe deles.

Guto resolveu pedir um empréstimo bancário para agilizar a construção da nova casa, o que foi feito com sucesso, então a expectativa e o trabalho de supervisionarem as obras os alegravam, criando um ambiente de saudável ansiedade. Certa noite, reunidos na chácara, Ester falou emocionada:

– Não quero ir embora, não fico bem em minha casa. Sinto-me uma reclusa; tenho receio até mesmo de sair à porta. Quando Guto está fora, fico em silêncio, com receio de saberem que estou lá. Não quero ir embora.

Guto se aproximou, abraçou a esposa e disse:

– Se meus pais permitirem, ficaremos aqui até a conclusão da construção de nossa casa. Pode ser?

Todos concordaram, e, no dia seguinte, os objetos pessoais da família foram retirados, e eles passaram a morar com seus amores.

Quanto à nossa equipe de socorristas, continuava atenta às necessidades de todos os envolvidos nesta trama.

Ainda locados na Casa Transitória Maria de Magdala, fomos avisados por amigo de nosso plano de que Hugo deveria ir ao condomínio para levar material necessário à conclusão das obras, mas que havia um número considerável de espíritos rebeldes se movimentando por lá.

SEMPRE HÁ TEMPO

Então para lá nos dirigimos, a tempo de ver o rapaz estacionar seu carro. Hugo adentrou a casa e deu uma olhada em tudo. Sentiu cheiro de combustível, mas não deu grande importância ao fato. Voltou à garagem e descarregou o material que havia comprado, entrou novamente no carro e tomou a direção da saída do condomínio.

Ao atravessar o portal de entrada e saída, porém, ouviu um estrondo ensurdecedor. Curioso, estacionou o carro, saiu e olhou para dentro do condomínio, vendo uma densa cortina de fumaça escura que subia ao céu. Admirado, percebeu que era na direção de sua casa. Voltou ao carro e refez o caminho. Assustado, encontrou o imóvel envolto em chamas e fumaça.

Era final de tarde e ventava muito, e o material incandescente era levado para outras casas. Em pouco tempo, o caos acontecia: as labaredas, alimentadas pelo fogo, pulavam de casa em casa de maneira violenta e assustadora.

Pessoas corriam de um lado a outro, gritando apavoradas. De duas casas depois da de Hugo, que estava em chamas, uma moça se aproximou correndo e gritando como louca:

— Pelo amor de Deus, deixei meu filho dormindo no quarto dele. Alguém o viu por aqui?

Mas ninguém o havia visto. O marido, um homem forte e muito nervoso, pegou-a pelo braço com violência e a sacudiu gritando:

— Como você deixa seu filho sozinho, sua maluca?

— Só fui comprar pão, e ele já tem doze anos. Em vez de ficar me acusando, tente encontrá-lo. Entre e veja se ele está lá dentro.

— Você é louca! A casa está em chamas; não entro aí de modo algum. Entre você!

Hugo observava a cena, estarrecido. Conhecia o menino, um rapazinho gentil e sempre alegre. Sem pensar em mais nada, tomou a jaqueta nas mãos, molhou na torneira do jardim, cobriu a cabeça e a boca, e entrou na casa.

A sala, apesar de estar tomada pela fumaça e pelo calor, ainda não fora atingida pelas chamas. Atravessou uma parte

Eliane Macarini ditado por Maurício

do corredor que levava aos quartos, e nesse instante ouviu a sirene do corpo de bombeiros e pensou: "Eles virão me ajudar!"

Seguiu adiante, abrindo a porta de um dos quartos, mas notou que era o do casal. Continuou e encontrou o quarto do menino. Ele estava de cócoras encostado à parede; já não conseguia mais respirar. Rapidamente, Hugo o tomou nos braços e correu para fora da casa. Assim que saiu para o jardim, houve uma grande explosão, e os dois foram arremessados para longe.

Paramédicos os socorreram de imediato. Estavam desacordados, sendo levados ao hospital mais próximo.

Val foi informado do acontecido e no mesmo instante correu ao encontro do companheiro. Seu coração pulsava como louco, e lágrimas escorriam por seu rosto. Pensava aflito: "Meu Deus, se algo acontecer com Hugo, o que farei de minha vida? O que será de nossos filhos?"

Chegando ao hospital, logo foi encaminhado à sala de emergência, onde o rapaz estava sendo atendido. Um colega o cumprimentou e falou:

— Acalme-se, por favor, você está muito pálido e ofegante. Ele está bem; apenas queimou um pouco as mãos e inalou fumaça. O rapazinho que ele tirou do fogo está em estado crítico, mas creio que sobreviverá.

Val respirou fundo.

— O que aconteceu?

— Ninguém sabe ao certo. Parece que houve uma grande explosão na casa de vocês e, como ventava muito, o fogo se alastrou com facilidade e várias casas do condomínio foram incendiadas.

— Nossa casa explodiu? Mas como? Nem o gás de cozinha está instalado dentro; fizemos questão de mantê-lo afastado da casa, uns dez metros pomar adentro. Como foi essa explosão?

— Os bombeiros estão lá agora e provavelmente vão fazer um laudo. Mas achei estranho, porque Hugo mencionou que

SEMPRE HÁ TEMPO

sentiu um cheiro de combustível. Porém, como estava com pressa de ir embora, não deu muita importância a isso.

— Santo Deus! Será possível que chegaram a esse ponto? Quem é a criança que Hugo salvou?

— O nome dele é Fábio, um menino de doze anos.

— Sei quem é. Ele mora duas casas à direita da nossa. O pai dele nos atormentou muito nos últimos dias. Dona Iracema nos avisou, inclusive, de que ele liderava um grupo que estava contra nós. Será possível?

— Foi um absurdo o que aconteceu a vocês; não tolero nenhum tipo de preconceito.

— Posso ver Hugo?

— Ele está na tomografia. Reclamou de algumas dores e está com algumas contusões. Ele e o menino foram jogados para longe no momento da explosão. Espere aqui, as enfermeiras devem trazê-lo logo.

Val se sentou na sala de espera. Neste instante, a mãe e o pai de Fábio entraram no ambiente. O homem, com expressão de raiva, avançou para cima dele, xingando-o e vociferando desaforos. Val o encarou e falou baixinho:

— Se você for o responsável por isto, algo de que quase tenho certeza, faço questão de vê-lo atrás das grades. Você quase matou seu próprio filho.

— Sobre o que ele está falando? — perguntou a mulher ao marido.

— Ele é louco. Imagine se eu poria fogo em minha própria casa — respondeu o homem, de cabeça baixa.

— Na sua casa não, mas na casa deles eu não duvido. E, se fez mesmo isso... não se preocupe, porque eu mesma vou denunciá-lo — falou a mulher, olhando de frente para o marido.

Este fez um gesto de descaso e saiu da sala.

— Val, você sabe como está meu filho?

— O estado dele inspira cuidados; teve algumas queimaduras e aspirou muita fumaça, mas está sendo bem cuidado. Venha, sente-se ao meu lado e vamos orar.

— E o Hugo?

– Queimou um pouco as mãos e tem queixa de algumas dores. Está fazendo exames, mas ele está bem.

– Se esse louco for o responsável por isso, sou capaz de acabar com a vida dele. Não suporto mais viver com ele, Val. Deveria ter me separado há tempos.

– Não pense nisso agora; precisamos nos concentrar em Fábio, está bem?

A moça se calou, mas em minutos o questionou:

– Por que você disse que tem quase certeza de ter sido ele o responsável por isso tudo?

– Há dias dona Iracema o viu com outros moradores na frente da casa dela, e eles falavam sobre nós. Ela os ouviu falar a palavra "fogo" várias vezes.

– Meu Deus, não é possível que sejam assim tão maldosos. Se meu marido for responsável pelo que aconteceu hoje, eu o quero na cadeia.

– Fique tranquila agora; vamos pensar em Hugo e Fábio.

– Alguém mais se machucou, Val?

– Pelo que sei, só os dois. Depois da explosão, os moradores mais próximos saíram de casa.

Continuaram a conversar e esperar por notícias.

No início da madrugada, o médico veio e os avisou de que Fábio estava melhor; teria um período doloroso de recuperação e precisaria ficar internado, mas estava estável.

Hugo recebeu alta, e os rapazes voltaram para casa. Estavam aliviados, mas também muito preocupados com o rumo que a situação que vivenciavam havia tomado.

Hugo deitou na cama e adormeceu, porém acordou nauseado e com muito medo.

Nós nos aproximamos e percebemos a presença do irmão que insistia em persegui-lo.

Hugo levantou e foi à cozinha tomar um pouco de água. Sentou-se à mesa, a cabeça entre as mãos, com os pensamentos depressivos tomando conta de sua racionalidade: "Eu não deveria ter nascido; olha o que sempre acontece: sou rejeitado e punido por ser quem sou; sou uma aberração

SEMPRE HÁ TEMPO

para a sociedade. Como fui louco em adotar essas crianças e trazê-las para este inferno! Um dia sofrerão uma violência tão grande, que poderá levá-las à morte. Quem deve morrer sou eu; não mereço viver, sou uma criatura horrível".

Otávio, que ouvia de longe os pensamentos terríveis do filho, com o remorso dominando-o, foi a seu encontro.

Entrou no aposento e logo avistou o algoz que direcionava os pensamentos e sentimentos do rapaz, trazendo dor e insegurança.

Atirou-se sobre a criatura com ferocidade e berrou, em meio a lágrimas de desespero:

— Você ainda o persegue, seu miserável? Ele não está mais a seus serviços; ele se libertou desse passado tenebroso. Deixe-o em paz!

— Nunca! Ele é meu escravo e me deve sua vida.

— Ele se matou por sua causa; você o atormentou de todas as formas mais horríveis, mas ele se fortaleceu e vai conseguir ser livre e feliz.

— Quem é você para falar assim comigo? Teve a oportunidade de ser seu pai nesta encarnação e o atormentou com seus preconceitos. Faltou a ele mais uma vez.

— Sei disso, mas agora me arrependo; porém isso não justifica o mal que faz a si mesmo e a ele. Não vou permitir mais esta situação!

Otávio avançou sobre a criatura, que, desdenhosa, olhou-o com avidez, criando a sua volta densa cúpula energética que o pai desesperado não conseguia romper. Assim ele se foi, deixando ali naquela cozinha duas criaturas em desequilíbrio.

Otávio se aproximou do campo vibratório de Hugo, acariciou sua cabeça e falou:

— Perdoe-me, meu filho. Não sabia o que estava fazendo. Agora tento ajudá-lo, porém não consigo. Sinto-me fraco e perdido.

Hugo, sentindo a presença de Otávio, desdobrou-se com facilidade e o viu entre lágrimas.

— Pai!

– Perdoe meus desatinos, meu filho.

– Eu já o perdoei, mas estou tão desanimado e tão triste! Que escolhas eu fiz para esta vida? Sempre será assim?

– Foram as escolhas necessárias, e não há nada de errado com você, e sim com aqueles que o perseguem. Hoje sei que posso me orgulhar do homem que é, graças a sua mãe, que sempre enxergou além da superfície e dos conceitos de normalidade estabelecidos por uma sociedade doente.

– Você realmente pensa assim?

– Penso sim, Hugo. E gostaria muito de ter enxergado isso antes, enquanto estava com vocês. Se soubesse o que sei hoje, tudo teria sido muito diferente. Não permita que esses desequilibrados da alma definam sua vida; seja firme e fique forte nesta luta, você não está sozinho.

– Sei disso, mas sinto um enorme cansaço.

– São traumas que vem sofrendo e precisa de ajuda. Volte à casa espírita e ao tratamento psicológico; você precisa desse auxílio, assim como eu também preciso. Mesmo quando o defendo ainda estou desequilibrado e acabo piorando as coisas. O mal sempre vai reforçar a ação do mal. Preciso ser mais ativo, fazer o que falo.

Próximos do campo vibratório criado pelo amor dessas duas criaturas que se reencontravam, aproveitamos o momento para reequilibrar energias e restabelecer estruturas mentais que os fortalecessem.

Neste instante, belíssima criatura de nosso plano se aproximou e se juntou a eles com serenidade e carinho.

– Posso me reunir a vocês? – perguntou com doce entonação amorosa.

Os dois homens a olharam com gratidão, então Otávio se levantou e a abraçou.

– Você veio, Clotilde?!

– Nunca estive longe, sempre os acompanhei. Está na hora de buscarmos a compreensão, para nos fortalecer neste momento de reajuste. Nosso querido irmão precisa de auxílio e, hoje, temos a oportunidade de fazer isso por ele e por

SEMPRE HÁ TEMPO

nós. Lembremos a excelente lição de *O Evangelho segundo o Espiritismo*: "O homem de bem", em que somos exortados ao "sentimento de caridade e de amor ao próximo, faz[er] o bem pelo bem, sem esperar recompensa, paga[r] o mal com o bem, toma[r] a defesa do fraco contra o forte e sacrifica[r] sempre o seu interesse à justiça".

CAPÍTULO 24

Sempre há esperança

Aproveitamos o desdobramento de Hugo e auxiliamos nossa companheira em sua empreitada. Deslocamo-nos para a cidadela umbralina que acolhia a comunidade à qual pertencia nosso irmão em desequilíbrio.

De outras vezes que por ali estivemos, fomos recepcionados com certa cortesia, muito diferente do que ocorreu desta vez. Uma entidade vestida como chefe da guarda romana nos esperava no portal de entrada da cidade.

— Hoje os senhores não poderão entrar na cidade. Ordens de nosso comandante.

— Gostaríamos de conversar com ele rapidamente, por favor.

— Ele me instruiu a não permitir a entrada de vocês, como também a não atender nenhum pedido de entrevista. Ele se encontra muito ocupado.

Agradecemos a atenção do irmão e nos afastamos alguns metros, sempre sob o olhar atento da guarda.

Observamos que o perímetro que abrigava a cidadela tinha se expandido, e mais edificações, semelhantes aos alojamentos provisórios utilizados pelos exércitos do mundo material, podiam ser vistas ao redor da cidade. O movimento de entrada de grandes grupos ainda acontecia.

— Vinícius, devemos estar atentos, pois me parece que a grande reunião deve acontecer a qualquer momento. Veja, está chegando o último Dragão, o nono comandante.

Voltei minha visão em direção ao íngreme caminho e o vi. Era Tibério. Estava sentado em um bizarro trono, acomodado como num grande animal, que caminhava com dificuldade, seu movimento oscilando ora para um lado ora para outro. Era açoitado por várias entidades que se assemelhavam a ogros, grandes criaturas deformadas que carregavam às costas, amarrado por pedaço de pano sujo e gasto, um grande machado. Andavam com dificuldade e emitiam um som monótono e perturbador.

O séquito vinha pela estrada poeirenta envolto em densa energia. Observei o caro amigo de outros tempos e percebi que destoava do grupo. Admirado, questionei a mim mesmo

SEMPRE HÁ TEMPO

se essa percepção era oriunda de minha expectativa sobre sua transformação.

O cortejo passou por nós, e ele me olhou nos olhos. Sorriu, e eu, franzindo o cenho, olhei-o fixamente. Estava diferente, então por que estava ali novamente, assumindo seu antigo lugar naquela comunidade de desequilibrados?

O portal foi lacrado após a passagem do grupo. Uma cúpula energética densa e escura se formou em volta da cidade. Concentramo-nos e atravessamos o portal; o dia estava escuro, e um sentimento depressivo nos envolveu. Olhei para cima e não podíamos enxergar o céu azul nem o sol radiante, apenas a escuridão das mentes que forjavam aquela cúpula de dor.

Ineque nos advertiu para que mantivéssemos otimista padrão mental, sempre em contato com nossos objetivos, que era auxiliar àqueles que já tinham dúvidas sobre o caminho que percorriam.

Clotilde, que auxiliava Otávio e Hugo, aproximou-se de nosso grupo e falou com carinho:

– Eu os deixei aos cuidados de amigos na casa transitória. Hugo ainda está adormecido, mas precisamos nos apressar; logo deve despertar. Estive com os dois em outras oportunidades na matéria e, embora já estejam em melhores condições de moralidade, deixaram um rastro de dor e desequilíbrios emocionais e morais para trás. Algumas destas criaturas atormentadas os perseguem e limitam suas ações no mundo dos encarnados. Esse irmão que vamos visitar é um dos cobradores da infelicidade que sente, culpando-os por nunca conseguir emergir da escuridão da própria mente.

"Há muitos séculos, no tempo da Inquisição, foi traído por eles. Ambos eram estudiosos da ciência, médicos, que aproveitavam corpos sem vida, roubando-os e dissecando-os em busca de esclarecimentos sobre o funcionamento dos órgãos que compõem os sistemas orgânicos. Depois de muitas tentativas infrutíferas, diante da falta de vitalidade, que dificultava as descobertas necessárias para entender a

Eliane Macarini ditado por Maurício

complexidade dessa obra perfeita: o corpo humano, resolveram aprisionar criaturas abandonadas nas ruas da cidade, mendigos, prostitutas, idosos. Eles os levavam para um celeiro distante da cidade, para que o fedor não fosse sentido, nem os gritos de dor e desespero fossem ouvidos.

"Ficaram obcecados pela grande obra que acreditavam realizar em prol da humanidade e roubavam cada vez mais vidas, até não restar mais sequer um desvalido na cidade.

"Até aquele momento, a população não se importava com os desaparecidos, afinal, livravam-se de um grande problema social; mas começaram a sequestrar pessoas que tinham família, e a falta delas era sentida imediatamente. Tornaram-se então suspeitos, sendo vigiados pela população.

"Desesperados diante da inércia de suas pesquisas, decidiram sacrificar um de nós, e nosso amigo foi o escolhido. Eu também era um deles. Nunca contara a ninguém, com medo da Inquisição, mas tinha vidência. Após a morte, eu via aqueles seres que matávamos nos perseguindo, por isso resolvi delatar Hugo e Otávio em troca de minha liberdade – fato, aliás, que não me trouxe benefício algum, pois fui queimada na fogueira como os outros dois.

"Depois disso, nos obsediamos por um bom tempo em busca de vingança. Cada um de nós foi entendendo as próprias transformações e caminhando, mas Lucrécio – esse o nome dele – nunca aceitou o fato. E hoje é uma imperdível oportunidade de auxiliá-lo; sinto que está cansado e não encontra mais prazer envolto nessa dor milenar, pois não a alimenta mais com os pensamentos pessimistas de antes."

– Muito bem, estamos chegando. Lá está a moradia dele; vamos em busca de um futuro melhor para Lucrécio – falou Ineque, com um doce sorriso nos lábios.

Chegamos a uma casa confortável, batemos à porta, e ele a abriu com uma expressão de raiva nos olhos avermelhados pela dor reprimida.

– Sabia que viriam até minha casa. Não respeitam as escolhas alheias se elas não se assemelham às suas próprias.

SEMPRE HÁ TEMPO

Principalmente você, uma traidora que quer se passar por anjo. Sei que os convenceu a me sacrificar e, aqui e agora, não será diferente. Você pode enganar a eles, mas não a mim; eu a conheço e um dia a amei.

— Estou em busca de redenção desde então, Lucrécio.

— Você era minha mulher, sempre arrogante, querendo saber mais que nós. Uma mulher horrorosa, que nunca se decidiu por me conceder a dádiva de filhos, de uma família. É uma impostora da vida e me corrompeu para fazer parte daqueles horrores.

Clotilde manteve os olhos baixos, em uma postura de submissão à dor que se manifestava na voz e na postura de Lucrécio.

— Odeio o que representa. Não acredito nesse Deus que defende, que recebe de braços abertos. Esses horrendos servidores do diabo, nós somos seus diletos representantes na Terra, nós os defendemos da falsidade e do engodo que querem perpetuar como certo.

Enquanto falava, seu corpo se avolumava e deformava mais e mais.

— Olhe as chagas que criaram em meu corpo; elas sangram e doem até hoje. Quantos horrores eu vivi preso àquela mesa, enquanto retalhavam minha carne e cortavam meus órgãos com suas facas infectadas. Olhe para mim, mulher, e sinta em si mesma as dores que fez seu marido sofrer, a humilhação de ser traído por você e meus amigos.

Clotilde se aproximou dele com humilde carinho e ajoelhou-se a seus pés, o amor transbordando de seu coração arrependido, a mente esclarecida sobre a necessidade da recuperação do débito. Olhou para ele, emanando doce vibração de amor, e falou em um fio de voz, tocada pela mais pura emoção de carinho e compreensão pelo sofrimento de seu antigo companheiro:

— Perdoe meus desatinos, eu o amo de forma pura e verdadeira; quero dividir com você tudo o que aprendi; quero que entenda que apenas a ignorância guiou meus passos naqueles tempos, mas hoje entendo sua revolta e sua dor, entendo e creio que tem suas razões; é que a forma como escolheu se manifestar em sua dor agrava mais e mais seu sofrimento, sem solucionar o entrave em que vive. Ouça a voz da razão, observe a si mesmo e veja, compare, porque estamos em situação melhor que você neste momento. Reflita e pense se não há algo errado no seu entendimento. Nosso Mestre Jesus, a quem respeita em sua crença , não falou em vingança, em ódio; Ele nos falou sobre perdão e amor.

Ele titubeou e, espantado, percebi que seu corpo diminuía em tamanho e em sofrimento. Assustado, ele urrou:

– Você me envolve novamente em suas tramas odientas. Tomará posse de minha mente e vai torturar-me novamente.

Clotilde acariciou o rosto transfigurado pelo desespero e pelo terror de lembranças antigas, falando baixinho:

– Está tudo bem, meu amor, está tudo bem! Apenas respire fundo e aceite a ajuda de Deus em sua vida.

Lucrécio a olhou admirado; não conhecia essa face nova de sua companheira. Sentiu conforto e segurança; trôpego, procurou por sua mão e a enlaçou. Sua cabeça tombou no colo de Clotilde, e ela, emocionada, olhou-nos e apenas balbuciou:

– Obrigada! Obrigada!

Amigos de nosso plano a auxiliaram, e eles retornaram à casa transitória levando consigo Lucrécio.

Membros da Comunidade Educacional das Trevas e dos Dragões de Cristo nos rodearam, e um líder de grupo se aproximou dizendo:

– Vocês não sairão de nossa cidadela; estão condenados às masmorras, pois desobedeceram às ordens de nosso comandante. O comandante supremo ordenou que deverão se apresentar perante o júri, momento em que as sentenças de condenação serão lidas.

Ineque apenas nos exortou à prece edificante. Baixamos nossas cabeças em sinal de submissão e os acompanhamos em silêncio.

CAPÍTULO 25

Reencontros

Chegamos à Casa Transitória Maria de Magdala; Hugo e Otávio nos esperavam. Clotilde acomodou Lucrécio em uma cama confortável e limpa; alguns trabalhadores da triagem se aproximaram e os primeiros socorros tiveram início.

Lucrécio abriu os olhos e viu à sua frente Clotilde, que lhe sorria. Desviando o olhar, encontrou Hugo e Otávio; apavorado, tentou se levantar, mas estava enfraquecido e seu corpo voltou ao leito com um baque surdo.

Um dos trabalhadores que o assistia colocou a destra em sua testa e falou devagar e com segurança:

— Não se assuste, meu irmão. Está tudo bem; está entre amigos.

Lucrécio se acalmou e voltou a abrir os olhos. Em segundos, suas desventuras do passado passaram por sua mente. Envergonhado, percebeu que sua visão das consequências que sofrera tinha mudado; não se via mais como vítima, e sim constrangido por suas atitudes. Sentia que densa nuvem que o mantinha longe da lucidez se fora em um banho de água límpida e reconfortante. Olhou para os dois homens e falou com a voz entrecortada pelo choro iminente:

— Sinto muito, sinto muito. Não entendi o que aconteceu conosco. Aliás, ainda não entendo. Ainda sinto dor e raiva. — Olhou para Otávio e falou de olhos baixos: — Você nos trazia cadáveres e depois homens e mulheres vivos, e recebia muito dinheiro por isso.

— Também me envergonho desses atos horríveis. Encarnei várias e várias vezes, mas sempre com a sensação de ser uma pessoa ruim e sem sentimentos; tornei-me um viciado, e isso me trouxe mais sofrimento. Estou à procura de recuperação, assim como acontecerá a você. Mantenha-se firme em seus propósitos; não dificulte o caminho sentindo-se vítima de situações em que esteve ativo e fez suas escolhas — falou Otávio.

Lucrécio olhou para Hugo e falou com maldade visível espelhada em seus olhos:

SEMPRE HÁ TEMPO

– Você ainda é uma aberração. Não se decidiu por ser homem ou mulher; isso é um vício pior que o álcool; vai contra as leis de Deus. Você me enojava antes e agora mais ainda, pois adota crianças para corrompê-las. Lembro muito bem que, quando ele as trazia para nossas experiências, você se animava porque faria as próprias experimentações.

– Eu me arrependo muito disso tudo, mas sei que posso fazer melhor, e é o que já estou fazendo, você não percebe? O passado deve ficar em seu lugar e apenas nos servir como instrumento de aprendizado. Naqueles tempos de ignorância, fiz o melhor que podia; dentro de tanto desequilíbrio, eu fiz o melhor. Quanto a minha orientação sexual, ela faz parte de mim, sendo assentada em determinadas escolhas que fiz e sentimentos que desenvolvi. Hoje, estou me movimentando pela vida com mais equilíbrio dentro do que posso; não mais me sacrifico de maneira hedionda tentando provar o que não sou, o que só me trouxe sofrimento e desconforto. Eu amo meu companheiro, e é um sentimento puro e forte, sem desequilíbrios emocionais, comportamentais e morais, dentro do que sei como correto. Não me envergonho de amar outro homem, mas ainda me envergonho de outras encarnações em que traí mulheres que me amavam, porque não me sentia atraído por elas e não conseguia lhes devolver a dedicação e a felicidade que se determinavam a criar em minha vida. Encontrar Val novamente é uma bênção de Deus para nós dois; estamos preparados para manifestar a crença em nossa origem divina, da forma como somos. Deixe o passado no passado. Lucrécio, adentrar esse novo mundo requer de cada um o sentimento de gratidão e respeito pela vida e pelo próximo, do modo como pode se manifestar. Nossos desvios devem ser medidos pela falta de amor, lembre-se disso. Jesus nos exortou a "Amar a Deus sobre todas as coisas, e ao próximo como a ti mesmo".

Lucrécio baixou os olhos, e uma lágrima escorreu por sua face ainda tão deformada. Felizes, notamos que ele fora tocado pelas palavras de Hugo.

Finalmente, cedeu ao cansaço e adormeceu sob os cuidados de Clotilde.

Então, juntei-me aos meus amigos na triste masmorra em que estavam trancados.

Dois dias se passaram. Nesse tempo, mantivemo-nos em prece e otimistas quanto ao resultado de nossa incursão àquelas paragens. Vez ou outra, um carcereiro nos trazia alimento em um prato roto e sujo, semelhante ao que acontece nos presídios terrenos.

O alimento ali colocado aparentava podridão; era fétido e víamos miasmas semelhantes a vermes se alimentando da energia pútrida.

No segundo dia, quando o guarda se aproximou de nossa cela, Ineque se levantou, tocou seu braço e falou com mansidão:

— Poderia dizer ao comandante Tibério que gostaríamos de conversar um instante com ele?

O homem o fitou com um olhar ausente; apenas inclinou a cabeça em sinal de afirmação e saiu do local.

Mais um dia se foi, sem que recebêssemos mais visitas. No final do terceiro dia, ouvimos passos pesados se deslocando pelo extenso corredor que dava acesso às celas. O local era no fundo de uma grande gruta de pedra; por ali deveria haver um riacho, pois ouvíamos o incessante barulho de água caindo e correndo por um leito de rio.

Tibério estava sozinho. Parou diante de nossa cela, olhou cada um de nós, detendo-se ao olhar Vinícius, e sorriu.

— Você entendeu, não é mesmo?

— Entendi sim, mas tinha algumas dúvidas. Você corre sério perigo por aqui; ainda não está firme em seus propósitos para assumir tal tarefa — respondeu Vinícius.

— Apenas assumi que preciso auxiliar neste momento. Sei como funciona o sistema que adotaram para controlar massas de ignorantes e executar seus planos de vingança. Você me subestima, meu amigo — falou Tibério.

— Quando fala sobre a ação deles, sinto raiva em sua voz; isso não é bom. Não devemos odiá-los, porque o bem não se manifesta desse modo. Cada um desses irmãos, por pior que

SEMPRE HÁ TEMPO

tenham sido seus atos, merece auxílio divino, pois foi criado por Deus, como qualquer um de nós, em um processo natural de evolução. Nada aconteceu num passe de mágica; viemos de um processo evolutivo, tanto na razão quanto na matéria – esclareceu Vinícius.

Ineque olhou com carinho para Tibério e interferiu:

– Você é um estudioso da ciência, meu amigo. Vou lembrá-lo de excelente passagem do livro *Evolução em dois mundos*, de nosso querido André Luiz, com a colaboração de Francisco Candido Xavier:

Trabalho da inteligência

Examinando, pois, o fenômeno da reflexão sistemática, gerando o automatismo que assinala a inteligência de todas as ações espontâneas do corpo espiritual, reconhecemos sem dificuldade que a marcha do princípio inteligente para o reino humano e que a viagem da consciência humana para o reino angélico simbolizam a expansão multimilenar da criatura de Deus que, por força da Lei Divina, deve merecer, com o trabalho de si mesma, a auréola da imortalidade em pleno Céu.

Pedro Leopoldo, 26/1/58.

– Eu entendo sua preocupação, mas preciso fazer isso. Sei de meu orgulho e vaidade, mas também já consigo reconhecer quando estou perdendo contato com a razão, então reflito e volto aos meus objetivos. Peço que confiem em meus propósitos e me auxiliem; precisarei de interferência nesse embate que se inicia – pediu Tibério.

– Está bem, não nos furtaremos a unir forças no bem – respondeu Ineque.

– Estamos a apenas uma semana da grande reunião dos comandantes da Comunidade Educacional das Trevas e dos Dragões de Cristo; eles vão nos apresentar o grande comandante supremo das forças evangélicas e se unirão a outros segmentos religiosos que insistem em manter a desordem no planeta.

– E você já sabe como poderemos ajudar? – perguntou Vinícius. – Lembre-se: ainda estamos em atendimento fraterno com Hugo.

– Maurício, você deve voltar à crosta e terminar esse trabalho; com Lucrécio recolhido, o acordo na troca de favores foi encerrado. Não há mais interesse envolvido nesta trama. Eles estão livres disso. Preciso que Demétrius se junte a vocês; há um comandante dos Dragões que se interessa particularmente por ele; é um dos mais irascíveis entre todos, e a presença de nosso amigo o enfraquecerá com lembranças do passado – falou Tibério.

– Então deveremos permanecer confinados nesta masmorra? – perguntou Vinícius.

– Sinto muito, mas é o ideal. Eles acreditam que são meus prisioneiros. Precisamos disso, pois ainda não confiam em mim – explicou Tibério.

– Sinto muito, Tibério, mas não trabalhamos assim. Um dia, fiquei numa masmorra como prisioneiro de antigo companheiro de desequilíbrios morais, mas foi diferente; não foi uma situação baseada em um plano para enganar[1]. Sempre trabalhamos com a verdade; não precisamos de engodos ou mentiras, apenas de verdade e amor – falou Vinícius com lágrimas nos olhos, continuando: – Sinto que você ainda não entendeu isso, mas nos veremos em breve. Caso necessite de nosso auxílio, estaremos atentos. Lembre-se de que nunca estará só.

Voltamos à casa transitória. Hugo já estava de volta à matéria. Clotilde entregou Lucrécio nas mãos dos servidores do Senhor. Tudo caminhava a contento.

---

[1] Referência à situação descrita no livro *Obsessão e perdão*.

CAPÍTULO 26

Um dia de paz

Eliane Macarini ditado por Maurício

Hugo acordou atordoado. Tinha a sensação de que algo havia acontecido, mas não estava temeroso nem triste, como andava acontecendo nos últimos dias. Ergueu os braços; não tinha mais dores no corpo, sentia-se bem física e emocionalmente.

Respirou fundo, levantou-se da cadeira e pegou um copo de água. Lembrando-se dos aconselhamentos de Sandra, parou, orou e fluidificou o líquido.

Tomou o líquido refrescante aos poucos, em pequenos goles, como se quisesse prolongar a sensação de bem-estar que sentia com esse ato.

Val adentrou o ambiente e observou o companheiro. Percebeu que Hugo estava bem; seu olhar não demonstrava mais medo nem tristeza. Aproximou-se e o abraçou com muito amor e carinho; teve vontade de chorar, mas era um choro de alívio. Sabia que tudo ficaria bem, que sua família encontraria paz e felicidade.

Carlos e os irmãos acordaram e se juntaram aos pais. Reuniram alguns colchões na sala, e todos deitaram abraçados. Ester e Guto, com sua criança abençoada, Leonora, foram se juntar a eles.

Pela manhã, os pais de Guto e Val encontraram a família adormecida e feliz no chão da sala.

Sorriram, percebendo que estava tudo bem.

Alguns meses se passaram, e as duas casas construídas na chácara ficaram prontas. Tudo corria bem!

Finalmente, o seguro pagou o valor destinado à cobertura do incêndio nas casas do condomínio. Deveriam decidir se iriam recuperá-la ou limpar o terreno e vendê-lo assim.

Hugo saiu do consultório no final da tarde. No meio do caminho, tomou o rumo do condomínio; sentia necessidade de ir até lá pelo menos mais uma vez.

SEMPRE HÁ TEMPO

O porteiro o olhou intrigado. Abriu o grande portão e ligou para um dos moradores.

O rapaz chegou diante dos destroços que um dia fora sua casa, sentindo um aperto no coração. Entrou na passagem que fora um belo jardim, notando que alguém o recuperava, já que havia flores e estava tudo limpo.

Curioso, entrou pelo portão lateral que levava ao seu pequeno e bem cuidado pomar, notando que ali também estava tudo limpo.

Escutou barulho de passos e viu seu vizinho, o mesmo que havia sido o responsável pelo incêndio.

– Por favor, não se assuste; não quero fazer mal a você. Já fiz o suficiente – falou o homem, demonstrando certo desconforto.

– O que você quer? – perguntou Hugo.

– Pedir perdão pelo mal que fiz a vocês – falou de cabeça baixa.

– Quando falar comigo, faça-o olhando em meus olhos, por favor. Porque, quando pedimos perdão a alguém, devemos ter certeza do que estamos fazendo; e, quando temos certeza, não mais nos envergonhamos de nossas falhas, pois a firmeza de propósito em recuperar danos nos faz seguros das novas atitudes. É assim que você se sente? – perguntou Hugo.

– Ainda não; ainda não consigo entender nem mesmo a mim, e ainda faço as coisas pensando nos benefícios que terei. Minha esposa só me aceitou de volta se eu aceitasse mudar minha maneira de ser. Sinto muita culpa em relação ao estado de saúde de meu filho; ele vai se recuperar, mas ainda sofre por isso. Ele inalou muita fumaça, e eu sou o culpado – falou o homem com lágrimas nos olhos.

– Olhe para mim! Também tenho marcas, também faço cirurgias reconstrutoras – falou Hugo, mostrando sua mão esquerda. – Veja, esse tendão foi lesado, porque você se achou no direito de julgar as minhas escolhas de vida, a maneira como conduzo minha sexualidade, que, aliás, não interfere em nada em sua vida. Minha aspiração era me especializar em cirurgia pediátrica, mas nunca mais poderei fazer isso. Tínhamos acabado de adotar quatro crianças, que poderiam estar aqui nesta casa. Você pensou nisso? E tudo isso para quê? Só porque é um ignorante preconceituoso? O que o constrange e amedronta tanto em nosso comportamento?

– Não consigo imaginar a relação entre pessoas do mesmo sexo, isso me deixa louco.

– Você tem direito de sentir o que quiser e fazer de sua vida o que quiser; o que não é de seu direito é interferir de modo violento na vida das outras pessoas. Nunca lhe fizemos nada de mal, aliás, pelo que sei, foi Val, um homossexual cuja casa você queimou e a quem perseguiu de maneira covarde, quem salvou a vida de seu filho no hospital; assim como eu, que enfrentei o fogo para retirar seu filho das chamas que você mesmo provocou. E, se me lembro bem, você se recusou a ajudá-lo, em uma atitude de covardia. Desculpe, cara, mas se tem uma aberração aqui é você. Até o momento eu e Val não decidimos se vamos apresentar queixa, mas a polícia já o denunciou. O que você fez foi muito grave.

Neste instante, a esposa entrou no quintal e abraçou Hugo com carinho. Então, ela olhou com firmeza para o marido e perguntou:

– Você pediu perdão?

– Pedi, mas ele não aceitou.

– Não disse que não aceitava; aceito um simples pedido de desculpas, porque perdão vai muito além da forma, ele vem do entendimento do erro e se origina no coração. – Hugo se voltou para a mulher e indagou: – Você está cuidando do meu jardim?

– Eu ajudo, mas é meu marido quem faz o trabalho. Vocês vão recuperar a casa, Hugo?

– Não sei ainda o que faremos, mas acredito que não; é mais certo que mandemos derrubar a casa para vender o terreno.

– Vocês estão certos; peço perdão pelo meu marido. E agradeço com meus mais puros sentimentos o socorro que Val deu ao meu filho, e a você, por ter enfrentado as chamas e entrado em minha casa.

SEMPRE HÁ TEMPO

Hugo a abraçou e estendeu a mão para o homem para um cumprimento. Depois, entrou em seu carro e saiu do condomínio. Sorriu enquanto pensava: "Está tudo bem. Agora sim, nada mais restou dessa fase terrível, apenas a certeza de que sou capaz de superar qualquer obstáculo em minha vida. Sou o Hugo, uma criatura que está a caminho!"

Alguns anos se passaram. Manuel viveu por quinze anos, época em que desenvolveu certas doenças oportunistas e seu organismo foi aos poucos se debilitando. Em seus últimos minutos, tomou a mão dos rapazes entre as suas e falou com muito amor e carinho:

– Agradeço a Deus por ter permitido a mim e a meus irmãos sermos seus filhos. Vocês trouxeram para cada um de nós o sentimento mais nobre que alguém pode ofertar a outro: o amor. E, com esse amor, nos fez ter esperança, apesar dos traumas que havíamos adquirido na primeira infância. Hoje, temos um futuro de luz e conhecimento, que vou levar como o maior presente que alguém pode ganhar em uma encarnação; nada nem ninguém poderá tirar isso de mim. Muito obrigado, meus pais amados.

Assim a criança se foi, liberta e equilibrada, e nós o recebemos no plano dos espíritos.

CAPÍTULO 27

Sempre há tempo

Quem julga as pessoas não tem tempo para amá-las.
(Madre Teresa de Calcutá)

O tempo é um instrumento para aqueles que o usam de forma eloquente e eficaz; nada há de mais improvável que o benefício da inércia diante da necessidade, a cada instante, de nos posicionarmos por nós mesmos.

Após o atendimento descrito, fomos designados para um novo e árduo trabalho junto às comunidades umbralinas ligadas aos dois grandes grupos: Dragões de Cristo e Comunidade Educacional das Trevas.

Recebemos instruções, adquirimos conhecimentos necessários e despertamos em nossas mentes, a cada segundo dessa preparação, a boa vontade, a tolerância, a paciência, mas sobretudo o amor, que deve fluir em direção ao Universo de modo simples e natural, assim como o amor de Deus.

Reunimos nosso grupo amado de amigos e nos dirigimos à Casa Transitória Maria de Magdala.

Clotilde nos convidou para observar a cidadela do alto de uma torre de observação. Em pouco tempo, o perímetro havia triplicado de tamanho. Espíritos se movimentavam pelas ruas fétidas, e percebemos que densa camada vibratória que as envolvia havia sido reforçada.

– Há duas frentes de trabalho que vão desenvolver para atrapalhar a evolução do planeta. Uma estará a cargo da Comunidade Educacional das Trevas, junto às escolas de cursos superiores, e a outra junto aos grupos religiosos que trabalham com crianças e jovens, assim como com políticos que chegam ao poder gananciosos e sem responsabilidade social, estando sob o domínio dos Dragões de Cristo.

Vinícius observou a grande cúpula, levantou os braços aos céus e orou com fé e gratidão pelo novo dia:

– A vida se renova a cada dia, trazendo em si oportunidades belíssimas de aprendizado. Que sejamos sábios o suficiente

SEMPRE HÁ TEMPO

para sorrir de alegria diante da dor, pois a enxergamos como instrumento do bem, do futuro que trará a todos nós, moradores deste orbe bendito, a verdadeira felicidade. Tal felicidade está baseada no amor, no respeito e na esperança. Juntos, em união fraterna e caridosa, que possamos nos movimentar nos sítios dolorosos da ignorância, sabendo que eles existem apenas enquanto o ser não descobre em si a divindade de sua criação. Pedindo aos anjos do Senhor que nos agraciem com sua presença de luz, lembremos o prefácio de *O Evangelho segundo o Espiritismo*:

> Os Espíritos do Senhor, que são as virtudes dos céus, como um imenso exército que se movimenta, ao receber a ordem de comando, espalham-se sobre toda a face da Terra. Semelhantes a estrelas cadentes, vêm iluminar o caminho e abrir os olhos aos cegos.
>
> Eu vos digo, em verdade, que são chegados os tempos em que todas as coisas devem ser restabelecidas no seu verdadeiro sentido, para dissipar as trevas, confundir os orgulhosos e glorificar os justos.
>
> As grandes vozes do céu ressoam como o toque da trombeta, e os coros dos anjos se reúnem. Homens, nós vos convidamos ao divino concerto: que vossas mãos tomem a lira, que vossas vozes se unam e, num hino sagrado, se estendam e vibrem, de um extremo do Universo ao outro.
>
> Homens, irmãos amados, estamos juntos de vós. Amai-vos também uns aos outros e dizei, do fundo de vosso coração, fazendo a vontade do Pai que está no Céu: "Senhor! Senhor!", e podereis entrar no Reino dos Céus.

O ESPÍRITO DE VERDADE

Emocionados, presenciamos mais um ato de bondade do Pai Maior, um raio de luz translúcido de tom azulado que desceu do firmamento e tocou com delicadeza a grande cúpula negra. Luzes multicoloridas penetraram a densa energia e explodiram em bênçãos de paz e amor.

Ao longe ouvimos lamentos dolorosos que nos pediam socorro de amor. Um novo dia, um novo trabalho de redenção para toda a humanidade.

Eliane Macarini ditado por Maurício

Que suas doces vibrações amorosas se juntem a nós em busca da perfeita felicidade, aquela que já podemos sentir em nossos corações e mentes.

Deus abençoe a humanidade que transita entre as trevas e a luz, e que possamos nos decidir em benefício de um futuro melhor.

Ribeirão Preto, 27 de março de 2017.

Alguém com poderes sobrenaturais pode representar perigo à sociedade?

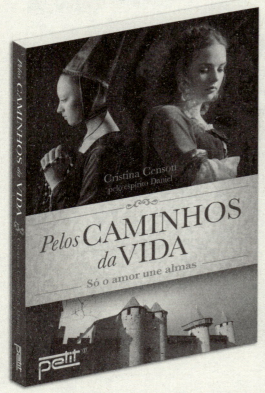

Mulheres fortes e visionárias enfrentam os preconceitos de uma época.

França. Século 14. Adele, uma jovem de apenas 13 anos, se vê obrigada a enfrentar uma intensa jornada pessoal quando seu pai descobre que a filha é capaz de ver e conversar com espíritos. Ao lado de Aimée, jovem de igual sensibilidade e dons, Adele enfrentará a vingança do pai, cujas atitudes resultarão numa tragédia de grandes proporções.

Sucesso da Petit Editora!

Os mistérios que rondam os dois lados da vida...

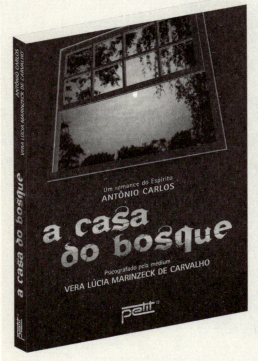

Vultos sombrios, uma casa assombrada e um segredo...

Distante da cidade, a casa do bosque esconde um estranho segredo. Seus vizinhos estão certos de que a residência é assombrada. Desafiando o perigo, Leandro invade o lugar. Protegido pelo entardecer, ele penetra na casa e cai nas garras do desconhecido. O primeiro a recebê-lo é um vulto sombrio...

Mais um sucesso da Petit Editora!